DESCRIPTION DE PARIS ET DE SES MONUMENTS.
L'Opéra
LES PLAISIRS A PARIS.
I. — LES THÉATRES.
HOTEL WESTMINSTER
RUE DE LA PAIX
PARIS
1885
GUIDES-JOANNE
PARIS
HACHETTE ET Cie
GUIDE DE L'ETRANGER
DANS
PARIS
ET SES ENVIRONS
GUIDE
DANS
PARIS

Pierre Pinelli
Sabine Arqué · Marc Walter

Legendäres
Paris

Aus dem Französischen von
Marianne Glaßer

GEOSAISON
Frederking & Thaler

Oben: der Concierge, ein Boy und der Telefonist des Hotels Régina. Foto von 1925.
Rechte Seite: »Wohl bewachte Koffer«, Illustration aus einer Broschüre des Hotels Majestic, 1908.
Seiten 1-5: Ankunft vor dem Ritz, Anfang der 1960er-Jahre (S. 1), Maurice Chevalier im Casino de Paris, 1939 (S. 2/3); Reiseführer aus dem 19. Jahrhundert, ein Prospekt des Hotels Majestic und ein Gepäckaufkleber des Hotels Westminster (S. 4); ein Maler in der Rue de l'Abreuvoir, Montmartre, um 1900 (S. 5).

Die Untertitel der Kapitelüberschriften enthalten die Namen der Metrostationen, die den dargestellten Orten am nächsten liegen.

Inhalt

Paris und seine Reisenden

Rechts: der Aufzug im Hotel Meurice.
Linke Seite: typische Atmosphäre einer Brasserie in den 1940er-Jahren, Foto von Roger Schall.

Am 10. Juni 1890 schreibt Vincent van Gogh in einem Brief an seinen Bruder Theo: »Sobald man in Paris ist, ist man wie in der anderen Welt.« Doch was hat Paris am Ende des 19. Jahrhunderts so Besonderes? Besonders ist, dass es die ganze Welt anlockt. Paris, die »Hauptstadt des 19. Jahrhunderts« – so der Philosoph Walter Benjamin –, veranstaltet eine Weltausstellung nach der anderen und zieht den größten Teil des Touristenstroms an, was Frankreich in diesem neuen Sektor auf die Spitzenposition hievt. Die Touristen bestaunen eine moderne Metropole, die Haussmann radikal umgestaltet hat. Doch Paris ist auch eine Quintessenz, wie später es die amerikanische Schriftstellerin Margaret Anderson in ihrer Autobiografie *The Fiery Fountains* formuliert: »Es ist die einzige Stadt auf der Welt, wo Sie, wenn Sie aus dem Bahnhof treten – der Gare d'Orsay –, mit einem einzigen Blick die Seine, ihre Brücken und Bouquinisten, den Louvre, Notre-Dame, den Tuileriengarten, die Place de la Concorde, den Anfang der Champs-Elysées sehen ... fast all ihre Schätze außer dem Jardin du Luxembourg und dem Palais Royal. Kennen Sie eine Stadt, die sich dem Reisenden beim Aussteigen aus dem Zug so darbietet?« Der Zug – mit ihm kommen die meisten europäischen Urlauber in Paris an. Seit 1749 Thomas Nugent das Handbuch *The Grand Tour* veröffentlicht hat, wissen die Engländer, was sie in der *metropolis of France* gesehen haben müssen. Die Gewohnheit, sich mit einem Reiseführer auszurüsten, hat sich eingebürgert, dafür haben Verleger wie der Brite John Murray gesorgt und vor allem Karl Baedeker, ein früher Vertreter der Interaktivität, der schon 1840 seine Leser auffordert, ihm für die folgenden Ausgaben ihre Vorschläge zuzusenden! Auch Reiseveranstalter haben großen Zulauf, allen voran Thomas Cook, der 1855 die erste touristische Rundreise durch Europa organisiert. Zielorte sind Brüssel, Köln, Heidelberg, Baden-Baden, Straßburg und Paris.

Und was erwartet den Touristen in der Hauptstadt? Die Ratgeberliteratur liefert uns eine Vorstellung davon. So informiert Adolphe Joanne in seinem *Guide pratique de l'étranger à Paris*, dem Vorgänger der berühmten *Guides Bleus* von Hachette, den Besucher 1863: »Gleich nach Verlassen des Zugs, der ihn soeben nach Paris gebracht hat, wird der Reisende in einen Saal geleitet, wo er auf das Entladen des Gepäcks wartet ...« Es folgt eine sorgfältige, lückenlose Aufzählung der Transportmittel, die dem Reisenden zur Verfügung stehen. Zwar gehören damals weder die knatternden Taxis (die ersten »Automobildroschken« tauchen 1899 auf) noch die hölzernen Züge der Metro zum Stadtbild (die erste Linie zwischen Porte Maillot und Château de Vincennes wird am 19. Juli 1900 eingeweiht), doch an Fortbewegungsmöglichkeiten fehlt es nicht. Da gibt es beispielsweise Droschken, die man pro Fahrt, pro Stunde, pro Tag

Links: der Eingang des Hotels Plaza-Athénée in den 1950er-Jahren.
Oben: ein alter Gepäckaufkleber desselben Hotels.

Oben: Ansichtskarte von Paris, um 1900.
Als Vignette: ein Gepäckaufkleber des Grand Hôtel.
Mitte: der Pferdeomnibus auf der Place du Châtelet, um 1900.

Unten: Hülle mit Karte einer der 37 Pferdebahnlinien der Hauptstadt. In der Faltblattserie *Nouveaux itinéraires illustrés* waren auch die Strecken der Pariser Straßenbahnen angegeben.

usw. bis hin zu einem ganzen Jahr mieten kann. »Man mietet neben dem Wagen das Pferd und den Kutscher, einen Boy in Livree, also die komplette Besatzung.« Eine weitere, weniger statusträchtige Möglichkeit ist es, in die Pferdeomnibusse der Compagnie Générale zu steigen, die »auf 31 Linien die Pariser Innenstadt befahren«. Sie befördern 24 bis 26 Personen, darunter ein Dutzend auf der oberen Etage. »Die Plätze oben sind sehr angenehm für Raucher und junge, gelenkige Leute«, betont der Verfasser des Reiseführers. Und fügt vorsichtig hinzu: »Der Pferdeomnibus ist sicherlich kein moderner Wagen, aber selbst höchstgestellte Persönlichkeiten besteigen ihn ohne jeden Vorbehalt.« Die Fahrkarte kostet 30 Centimes (45 Centimes auf der oberen Etage), ganz gleich, wie weit die Fahrt geht; ein bemerkenswerter Tarif, wenn man ihn mit den mindestens vier bis fünf Franc vergleicht, die in einem *restaurant à la carte*, also einem Restaurant ersten Ranges wie Le Véfour oder La Tour d'Argent, in Rechnung gestellt werden! Was die Unterkunft betrifft, so kann sie bis zu 30 Franc am Tag kosten: für ein Zimmer im Grand Hôtel, das im Juli 1862 im »Viertel der Vergnügungsreisenden«, wie man das Quartier de l'Opéra nennt, eingeweiht wurde.

Richard Wagner hingegen steigt lieber im Grand Hôtel du Louvre ab, »dem schönsten in der Umgebung des Palais Royal«. Er bewohnt dort 1858 ein »ruhig gelegenes Zimmer zu drei Franc« und kann sich nicht darüber beschweren: »Jeder Mensch soll in Paris nur nach dem Hôtel du Louvre gehen«, schreibt er an seine Frau Minna. »Man fragt ganz einfach nach dem, was man sucht, und erhält es (...), man speist, wenn man will, in der Restauration des Hotels à la carte, was mir das Liebste ist; da kann ich mir immer meinen Fisch und mein Kalbscotelett geben lassen.« Mark Twain aber, der dort 1867 logiert, schreibt mit spitzer Feder: »(Wir) stiegen in unsere fürstlichen Betten, um zu lesen und zu rauchen, aber ach! Es war jammervoll, in einer Großstadt voll Gas hatten wir keins! Kein Gas zum Lesen – nichts als trübe Kerzen. Es war eine Schande.« Glücklicherweise sieht Twain ebenso wie Wagner das Leben aus einem anderen Blickwinkel, als es darum geht, zu Tisch zu schreiten: »Es war eine Freude, hier zu essen, wo alles so sauber war, das Essen so gut gekocht, die Kellner so höflich«, notiert er in *Die Arglosen im Ausland*, »und die kommenden und gehenden Gäste so schnurrbärtig, so munter, so leutselig, so furchtbar und wunderbar französisch!

Die ganze Umgebung war fröhlich und belebend. Zweihundert Leute saßen an kleinen Tischen auf dem Bürgersteig und nippten an Wein und Kaffee; auf den Straßen drängten sich leichte Wagen und fröhliche Bummler, die ihr Vergnügen suchten; Musik erfüllte die Luft, ein Leben und Treiben war um uns her, und überall eine Feuersbrunst von Gaslicht!«

So ist die Begeisterung meist größer als der Ärger – wenn auch Paris nicht immer weiß, wie man Gäste empfängt. So schreibt der Journalist Auguste Villemot 1858 in einem seiner Artikel für den *Figaro*: »Die Pariser reisen wenig, mit der Begründung, dass nichts Paris gleichkommt; sie empfangen die Ausländer höflich, sofern sie Geld haben und keine fremden Sprachen sprechen. Einmal fragte ich einen Konditor nach dem Weg und bekam zur Antwort: ›Sie sind Ausländer – wenden Sie sich an Ihren Botschafter!‹«

Am besten wird die Botschaft von Paris zweifellos von den Literaten weitergetragen, die die Stadt besuchen und bekannt machen, schon lange vor der ersten Weltausstellung 1855. Hören wir Goethe, der seinem Sekretär Eckermann am 3. Mai 1827 seine Eindrücke von einer Stadt mitteilt, »wo das Beste aus allen Reichen der Natur und Kunst des ganzen Erdbodens der täglichen Anschauung offen steht; diese Weltstadt denken Sie sich, wo jeder Gang über eine Brücke oder einen Platz an eine große Vergangenheit erinnert und wo an jeder Straßenecke ein Stück Geschichte sich entwickelt hat.« Die bewundernden Worte schmeicheln der Stadt, sind aber nicht selbstlos bei jenen Intellektuellen, die in der *Ville lumière*, der Stadt des Lichts, viel mehr suchen als nur ein schönes Hotel – Friedrich Nietzsche drückt es 1888 in *Ecce homo* so aus: »Als Artist hat man keine Heimat in Europa außer in Paris; die délicatesse in allen fünf Kunstsinnen, die Wagner's Kunst voraussetzt, die Finger für nuances, die psychologische Morbidität, findet sich nur in Paris.« Mit anderen Worten, die Inspiration. Vor allem, wenn es dazu ein gutes Kotelett gibt. Aber wie funktioniert der gleichzeitig moderne und malerische, materialistische und romantische Magnetpol? Und für Heinrich Heine, den die Franzosen gern als einen der Ihren ansehen, ist Paris »die schöne Zauberstadt, die dem Jüngling so holdselig lächelt, den Mann so gewaltig begeistert und den Greis so sanft tröstet. (...) So liegt in dem Patriotismus der Franzosen größtenteils die Vorliebe für Paris, und wenn Danton nicht floh, ›weil man das Vaterland nicht an den Schuhsohlen mitschleppen kann‹, so hieß das wohl auch, dass man im Auslande die Herrlichkeiten des schönen Paris entbehren würde. Aber Paris ist eigentlich Frankreich; dieses ist nur die umliegende Gegend von Paris. Abgerechnet die schönen Landschaften und den liebenswürdigen Sinn des Volks im Allgemeinen, so ist Frankreich ganz öde, auf jeden Fall ist es geistig öde, alles, was sich in der Provinz auszeichnet, wandert früh nach der Hauptstadt, dem Foyer alles Lichts und alles Glanzes. Frankreich sieht aus wie ein Garten, wo man alle schönsten Blumen gepflückt, um sie zu einem Strauße zu verbinden, und dieser Strauß heißt Paris.« Grund genug für eine Liebeserklärung. Djuna Barnes, die die 1920er-Jahre in Paris verbringt, schreibt: » Den ganzen Tag (...) kreuz und quer durch Paris spaziert (allein) – ich liebe jeden Zoll dieser vermaledeiten Stadt – ich glaube, ich werde nie in einer anderen glücklich werden, solange ich weiß, dass Paris steht.« Es ist also auch eine Frage des Charmes, quasi der Erzeugung von Bildern, eine Mischung aus Anziehungskraft und Begehren. Eine »andere Welt«, die uns einnimmt, aber nicht so leicht einzunehmen ist: »Paris denken?«, fragt sich Paul Valéry 1937 in *Présence de Paris.* »Je mehr man daran denkt, desto mehr fühlt man sich im Gegenteil von Paris gedacht.«

Oben: die Butte Montmartre während des Baus von Sacré-Coeur, also zwischen 1881 und 1914.
Rundes Bild: dekorative Plakette aus der Zeit der Jahrhundertwende.

P.9995.F
CHOCOLAT
MENIER
CHOCOLAT-MENIER
RIALTA

Das Herz von Paris

Von Pont Sully bis Concorde

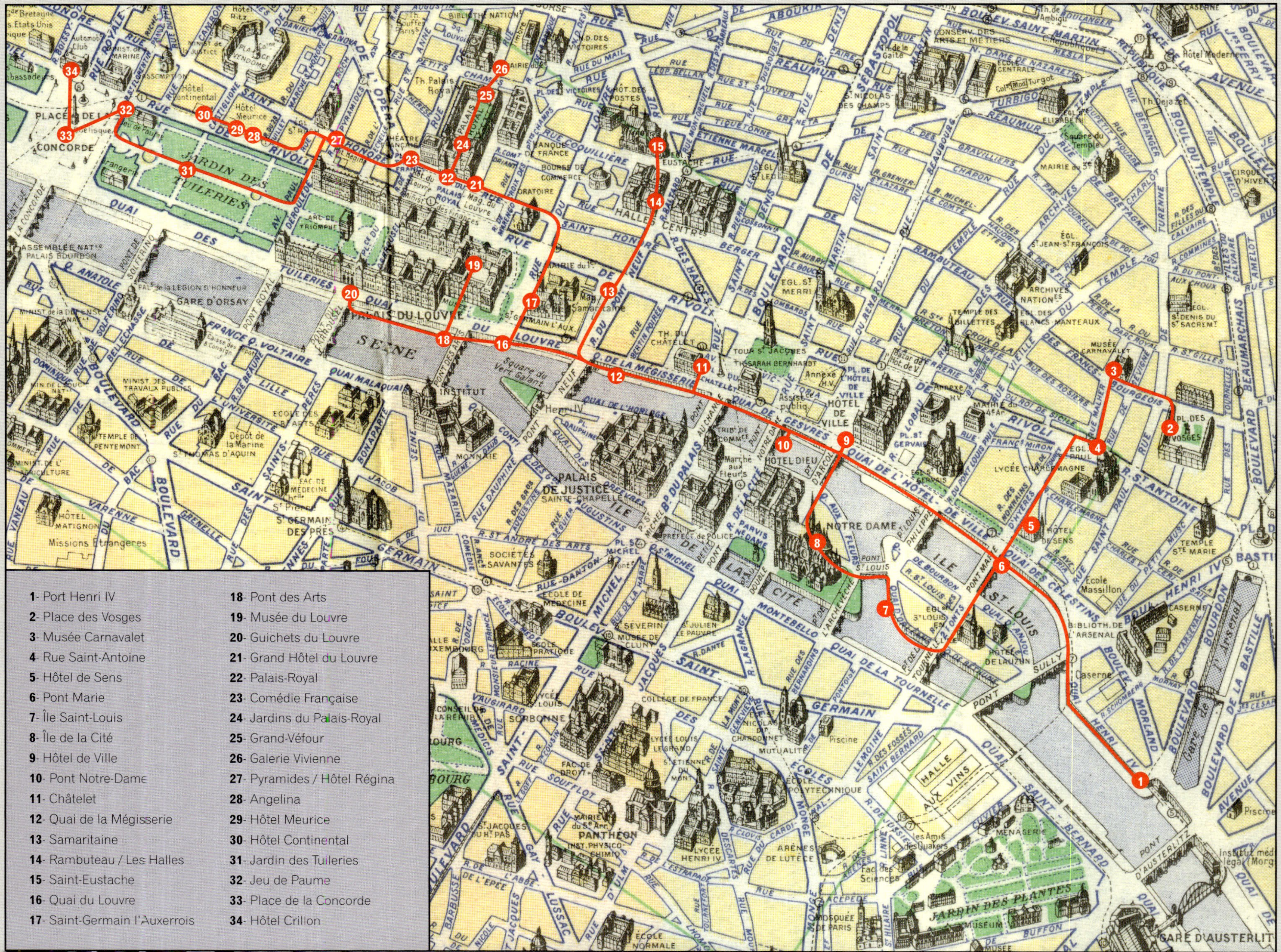

1- Port Henri IV
2- Place des Vosges
3- Musée Carnavalet
4- Rue Saint-Antoine
5- Hôtel de Sens
6- Pont Marie
7- Île Saint-Louis
8- Île de la Cité
9- Hôtel de Ville
10- Pont Notre-Dame
11- Châtelet
12- Quai de la Mégisserie
13- Samaritaine
14- Rambuteau / Les Halles
15- Saint-Eustache
16- Quai du Louvre
17- Saint-Germain l'Auxerrois
18- Pont des Arts
19- Musée du Louvre
20- Guichets du Louvre
21- Grand Hôtel du Louvre
22- Palais-Royal
23- Comédie Française
24- Jardins du Palais-Royal
25- Grand-Véfour
26- Galerie Vivienne
27- Pyramides / Hôtel Régina
28- Angelina
29- Hôtel Meurice
30- Hôtel Continental
31- Jardin des Tuileries
32- Jeu de Paume
33- Place de la Concorde
34- Hôtel Crillon

Die Pläne vom Anfang des 19. Jahrhunderts zeigen ein noch jugendliches Paris, das in die einst Steuerzwecken dienende *mur des fermiers généraux* (Mauer der Generalsteuerpächter) eingezwängt ist: 1815 entspricht seine Fläche gerade einem Drittel der heutigen Stadt. Ein Paris wie ein Schneckenhaus, das sich, von der Seine gespalten, um eine Inselkette windet. Hier beginnt unser Spaziergang – auf den Booten, die vom allgegenwärtigen Bronzegrün des Flusses umspült werden. Von hier aus sieht Louis Aragon Paris »aufgeschlagen wie ein Buch« vor sich liegen, »Paris von seinem Herzen aus betrachtet«. Henry Miller, der 1930 am Ufer entlangspaziert, fühlt sich »in einen Rausch versetzt«. Die Großartigkeit des Anblicks, die Majestät der Seine fasziniert sie alle so wie den Reiseschriftsteller Maxime Du Camp, der 1852 meint, dass »alle wichtigen Gebäude von Paris (...) absichtlich hier versammelt worden sind, wie um den Glanz der Altstadt gleich beim ersten Anblick erstrahlen zu lassen.« Alle Bauwerke, beginnend mit dem Louvre, einem »weitläufigen Palast, der (...) stets vollendet und stets begonnen wird«, wie König Christian VII. von Dänemark so schön schreibt, als er in der Hauptstadt seinen Sommerurlaub verbringt. Richard Wagner versichert 1858 seiner Frau Minna, wie wohl er sich im Grand Hôtel du Louvre fühlt, das auf die Galerien des Museums hinausgeht: »Kein Wagengerassel« schreibt er, »weil die anliegende Rue Rivoli nicht gepflastert ist: kurz, wie ich's nur wünsche.« Die Achse der Rue de Rivoli, die ab 1802 gebaut wird, weist bereits auf Haussmanns Paris voraus, das manche erträumen, andere verhöhnen. Zu Letzteren gehört der französische Schriftsteller Joris-Karl Huysmans, ein eingefleischter Spaziergänger, der »die schnurgeraden Straßen« beklagt, »auf denen man nicht mehr flaniert, wo alle rennen, während sie sich vor einem Verkehr hüten, der die Passanten mit Hornstößen erdrückt.«

Die zweistöckigen Pferdeomnibusse, die Kutschen der reichen Gesellschaft und die Droschken – die damaligen Taxis – fahren nicht über den Pont des Arts. Der gusseiserne Übergang, der das linke Seineufer mit dem Louvre verbindet, ist Fußgängern vorbehalten. Könnte es sein, dass die Mona Lisa auf die Fertigstellung der Passerelle im Jahr 1804 gewartet hat, bis sie in das Museum einzog? Denn seit ebendiesem Jahr hält die berühmteste »Ikone« der Welt dort Hof. 1827 springt Auguste Comte schwermutstrunken über das Brückengeländer, und zwei Jahre später träumt Sainte-

Rechts: der Blumenmarkt auf der Ile de la Cité, 1925.
Unten: Justizpalast und Sainte-Chapelle, Photochrom, 1890er-Jahre.
Seiten 12/13: die Seine am Pont au Change, 1930er-Jahre.

Rechts: Eingangsportal des Hotels de Chenizot auf der Ile Saint-Louis, Ansichtskarte, um 1900.
Oben: Sainte-Chapelle, Blick auf den Chor; Titelblatt eines Reiseführers, 1936.

Ganz oben: die Seine, vom Pont Royal aus aufgenommen, um 1900.
Oben: Place des Innocents mit der Fontaine des Innocents und dem Markt, wie sie von 1788 bis 1858 aussah. In dem Jahr wurde die Fontaine etwas versetzt und der Markt aufgegeben.
Unten: Place du Châtelet und Turm Saint-Jacques, Foto, um 1925.
Rechte Seite, links: der Platz vor dem Palais Royal, um 1910;
Rechts: das Denkmal zu Ehren Léon Gambettas in der Cour Napoléon des Louvre, Photochrom, 1890er-Jahre. Gambetta rief 1870, nach der Niederlage Napoleons III. bei Sedan, die Dritte Republik aus.
Als Vignette: Gepäckaufkleber des Hotels Mont-Thabor.
Als Faksimile: Taschenreiseführer *Cicerone*, um 1925.

Beuve in einem Sonett davon, seinen »Engel« hierher zu bringen. Wie viele fanden wie er Gefallen daran, von der »Brücke der Liebenden« aus die Seine zu betrachten, ihre »sanfte, seidene Bewegung«, wie Rainer Maria Rilke sagt – die Seine, die in jener romantischen Zeit so oft gemalt wird und sich auch schon als fotogen erweist! So begibt sich Louis Daguerre, als er 1836 mit der ersten Kamera experimentiert, selbstverständlich ans Ufer des Flusses, und zwar an die Spitze der Ile de la Cité auf den Square du Vert-Galant. 70 Jahre später folgt Eugène Atget ihm nach. Ölbilder, Aquarelle, Lithografien und bald auch Daguerreotypien zeigen uns Badeschiffe, vertäut an den Ufern eines munter dahinströmenden Flusses, und Waschschiffe, eine ganze Wäsche-Armada, mit Unterhosen beflaggt. Schwimmbagger und Dampfschiffe drücken die grünen Wasser der Seine gegen die Kais. Seit den frühen 1920er-Jahren kommt Ernest Hemingway gern mit einem Liter Wein und etwas Brot hierher, liest eines der Bücher, die er bei den Bouquinisten gekauft hat, und sieht den Anglern zu.

Es gibt ein Gemälde von Victor Navlet aus dem Jahre 1855, das Paris so realistisch, wie man es sich nur wünschen kann, aus der Vogelperspektive zeigt. Dutzende von Brücken, die sich wie die Fäden einer Naht zwischen den beiden Ufern der Hauptstadt spannen, bieten einen spektakulären Anblick. In der Mitte steht Notre-Dame, »die von der Apsisseite her so viel schöner ist als vom Platz vor der Westfassade aus«, wenn man Aragon Glauben schenkt, und das kann man. Joseph Zobel wiederum, der Autor aus Martinique, erkennt in Notre-Dame die »Besegelung« eines Schiffs, das die Ile de la Cité ist, welches »die Taue so vieler Brücken für immer festhalten«. Gern lassen wir uns von der Ile de la Cité mitnehmen auf eine märchenhafte Fahrt, auf eine Zeitreise, die 2 300 Jahre zurück in die Vergangenheit führt. Damals baute der gallische Stamm der Parisii seine Hütten auf der durch die beiden Seine-Arme geschützten Insel und begründete die *civitas parisiorum*, Lutetia, die Vorgängerin von Paris. Bis in die Mitte des 19. Jahrhunderts gab es im Fluss mindestens sechs Inseln. Die kleinsten (Ile Louvier, Ile aux Juifs ...) sind inzwischen verschwunden; die Ile de la Cité stellt die Galionsfigur dar, eskortiert von der Ile Saint-Louis. Von ihr sagt der Schriftsteller Théophile Gautier, sie sei »eine Oase der Einsamkeit inmitten von Paris, und in der Umschlingung seiner beiden Arme scheint der Fluss sie gegen die Übergriffe der Zivilisation zu verteidigen«. Das stimmt bis heute. Keine Metro kommt hier an. Wenige Autos wagen sich hierher. Die malerische Ansichtskarte mit etwas mehr als 700 Metern Länge und 200 Metern Breite lädt zum Flanieren ein. Hier findet sich kein spektakuläres Gebäude. Die Insel ist ein Bauwerk für sich. Der kleine Square Barye an der Ostseite enthüllt einen unverbaubaren Blick auf die Seine mit der Gare d'Austerlitz im Hintergrund. Charles Baudelaire wohnte wie Gautier auf der Insel, logierte 1843 im ehemaligen Hotel Lauzun am Quai d'Anjou Nr. 17, wo er einige der ersten Gedichte von *Die Blumen des Bösen* schrieb. Bei seinen Streifzügen durch die kleine Insel erregte der dandyhafte Dichter mit seinen grün gefärbten Haaren angeblich die Nachbarschaft!

Balzac gehört auch zu den großen Fußgängern von Paris. Vermutlich hat niemand besser als er »die Stadt der 100 000 Romane, den Kopf der Welt« beschrieben. Seine Schilderung des Palais Royal während der Restauration in den *Verlorenen Illusionen*, der verderblichen Anziehungskraft der Spielhöllen, verblüfft noch immer. Eben dieses Viereck, in dem »die Geschichte Frankreichs (...) aus jedem Stein« spricht, wie Stefan Zweig sagt, bietet sich 200 Jahre später fast unverändert dem Auge des Betrachters dar. Was man von den mittelalterlichen Vierteln Châtelet und Les Halles nicht behaupten kann: »Man braucht Schirme, nichts weiter«, so stellte Napoleon III. sich Letztere vor. Ein Wunsch, den Haussmann dem Architekten Victor Baltard mit »Eisen, Eisen, nichts als Eisen« übersetzte. Dass die eleganten Hallen, das »Wuchern, Blühen und ungeheuerliche Entfalten von Metall« in den Worten Emile Zolas, zu einem der Markenzeichen von Paris wurden, bewahrte sie nicht vor dem brutalen Abriss. Glücklicherweise sind uns die prächtigen überdachten Passagen geblieben, unter denen die Galerie Vivienne wohl die schönste ist; geblieben ist auch der Turm Saint-Jacques, der Alexandre Dumas zu einem Theaterstück inspirierte, und wir haben das Hôtel de Ville. Nach der Zerstörung 1871 ebenso prunkvoll erbaut wie die Oper, war sein Vorgängerbau während der Pariser Kommune Arbeitsplatz von Paul Verlaine. In der Mitte des 19. Jahrhunderts fielen zwar zahllose Kapellen, Oratorien und Basiliken auf der Ile de la Cité, anders als die Hotels im Marais, der gigantischen Umgestaltung der Stadt durch Haussmann zum Opfer. Aber es ist uns – Gott sei Dank! – die wunderbare Sainte-Chapelle geblieben.

KOMMT MAN AUF DIE PLACE DES VOSGES (...), findet man sich plötzlich in eine neue Welt versetzt. Keine Autos, kein Lärm, kein Tumult; hier sind nur Spaziergänger. Man könnte glauben, in einem Kloster zu sein. Die Arkaden zu allen Seiten tragen zu der Illusion bei. Davor verläuft die Fahrbahn, durch ein Eisengitter vom eigentlichen Platz getrennt: Dieser ist in der Mitte mit Kastanienbäumen und Linden bepflanzt und mit vier kleinen Springbrunnen geschmückt, dazwischen steht das Reiterstandbild Ludwigs XIII. Die Bäume, die Stille, die ziegelroten, von Naturstein durchbrochenen Fassaden der seit Heinrich IV. unveränderten Renaissancepaläste – alles, bis hin zum Gesicht des traurigen Louis XIII., verströmt Schwermut. (...) Richelieu lebte im Haus Nummer 21; in der Nummer 6, wo die Kurtisane Marion Delorme gewohnt haben soll, war Victor Hugo eine Zeit lang zu Hause.

Guide de l'Etranger à Paris et dans ses environs, 1875

Oben: die Place des Vosges (Platz der Vogesen) im Marais-Viertel, Stereoskopaufnahme von 1907. Im 17. Jahrhundert fanden hier Turnierspiele, Staatsempfänge, prunkvolle Hochzeiten und auch Duelle statt. Das ehemalige Palais des Bischofs von Langres (Nr. 14), über dem ein Glockenturm aufragt, dient seit 1866 als Synagoge.
Links: das Hotel Carnavalet, um 1930.
Rechte Seite: der chinesische Salon im Museum Victor Hugo, des ehemaligen Stadtpalais von Rohan Guéménée an der Place des Vosges (Nr. 6). Die Etage, die der Schriftsteller von 1832 bis 1848 gemietet hatte, wurde 1902 anlässlich seines 100. Geburtstags in ein Museum umgewandelt. Den chinesischen Salon hatte Victor Hugo für das Haus seiner Geliebten Juliette Drouet auf Guernsey entworfen; auch die Brandmalereien an der Holzvertäfelung sind von ihm gefertigt.
Seiten 18/19: An der Spitze der Ile Saint-Louis, unterhalb des Square Barye, liegt ein Waschschiff, um 1880. Rechts der Pont de Sully; auf der anderen Seite der Seine sind der Quai Saint-Bernard und die dortigen Weinlager zu erkennen; im Hintergrund das Pantheon und der Clovis-Turm des Lycée Henri IV.

Wenn ich mit meiner Arbeit fertig war oder wenn ich mir etwas überlegen wollte, ging ich an den Quais entlang. (...) An der Spitze der Ile de la Cité unterhalb des Pont Neuf, auf dem das Denkmal von Henri Quatre steht, endet die Insel wie der scharfe Bug eines Schiffes, und dort ist ein kleiner Park am Rande des Wassers mit schönen Kastanienbäumen, riesengroß und ausladend, und in den Wirbeln und Stauwassern, die die Seine im Vorbeifließen macht, gibt es ausgezeichnete Stellen zum Angeln. Man ging eine Treppe hinunter zum Park und beobachtete die Angler dort und unter der großen Brücke.

Ernest Hemingway, frühe 1920er-Jahre

SAINT-PAUL

PONT-MARIE

Rechts: Obst- und Gemüsehändler in der Rue Saint-Antoine. Diese fliegenden Händler trugen den Spitznamen »Crainquebille«, nach einer Erzählung von Anatole France aus dem Jahr 1903: »Jeremias Crainquebille, ein herumziehender Gemüsehändler, zog tagaus, tagein durch die Straßen von Paris, schob seinen Handwagen vor sich her und rief: ›Kohl, Rüben, Möhren!‹«
Unten: der Pont Marie, um 1930. Die Brücke verdankt ihren Namen dem Baumeister Christophe Marie, der sie von 1614 bis 1635 errichtete, um die Ile Saint-Louis mit dem rechten Seineufer zu verbinden. Wie alle Pariser Brücken war sie mit Häusern bebaut, die 1788 abgerissen wurden. Im 19. Jahrhundert befand sich vor der Brücke ein Hafen, bestimmt zum Verkauf von Süßwasserfisch.
Linke Seite: die Fassade des Hôtel de Sens, Rue du Figuier, mit spitzbogenförmiger Eingangstür, umrahmt von zwei Erkertürmchen, Autochrom, um 1910. Das von 1475 bis 1519 erbaute Gebäude ist eines der ältesten im Marais. Es beherbergt die Bibliothek Forney. 1886 gegründet, ist sie heute die größte Kunstgewerbebibliothek Frankreichs.
Seiten 24/25: Blick auf die Seine oberhalb des Pont Saint-Louis, um 1910. Im Hintergrund rechts der Umriss des Turms Saint-Jacques.

Wir gingen uns die Kathedrale Notre-Dame ansehen. Wir hatten schon vorher von ihr gehört. Es überrascht mich manchmal, wenn ich bedenke, wie viel wir tatsächlich wissen und wie intelligent wir sind. Wir erkannten sofort das monumentale, alte gotische Bauwerk; es sah aus wie auf den Abbildungen. Wir standen in einiger Entfernung, wechselten von einem Beobachtungspunkt zum anderen und blickten lange zu den hohen, viereckigen Türmen und zu der reich geschmückten Fassade hinauf, die dicht mit verstümmelten, seit ewiger Zeit gelassen von ihren luftigen Thronen herabblickenden steinernen Heiligen besetzt ist.

Mark Twain, 1867

Rechts: Notre-Dame im Südosten der Ile de la Cité, Photochrom, 1890er-Jahre. In seinem Roman *Der Glöckner von Notre-Dame* (1831) beschreibt Victor Hugo den Anblick der Fassade, wenn die Sonne darauf fällt und »die große Mittelrosette wie ein im Widerscheine der Schmiedeesse glühendes Zyklopenauge flammt«.
Rechts unten: im Innenraum von Notre-Dame, um 1925. Hier fand Paul Claudel, »mitten zwischen den Gläubigen in der Nähe des zweiten Pfeilers am Choranfang« stehend, am Weihnachtstag des Jahres 1886 wieder zu seinem Glauben, wie er 1913 in *Meine Bekehrung* schreibt. »Da nun vollzog sich das Ereignis, das für mein ganzes Leben bestimmend sein sollte. (...) Ich hatte plötzlich das durchbohrende Gefühl der Unschuld, der ewigen Kindschaft Gottes, einer unaussprechlichen Offenbarung.«
Linke Seite: Notre-Dame, Südseite. Heruntergekommen und zur Bedeutungslosigkeit verdammt, befand sich die Kathedrale Anfang des 19. Jahrhunderts in einem erbärmlichen Zustand – bis zum Erscheinen des *Glöckners von Notre-Dame*, der bei den Parisern einen Sturm der Begeisterung für die alte gotische Kirche entfachte. Ihre Restaurierung dauerte von 1845 bis 1864. Damit betraut wurden Jean-Baptiste Lassus und Eugène Viollet-le-Duc, wobei Letzterer sich bald allein darum kümmern musste.
Seiten 28/29: Blick vom Südturm auf den Osten von Paris; im Vordergrund ganz links der Dachreiter. Dieser »geistliche Blitzableiter« mit 93 Metern Höhe über dem Boden wurde nach Zeichnungen des 1793 zerstörten Vorgängers über der Vierung errichtet. Er ragt über den Statuen der zwölf Apostel auf. Viollet-le-Duc ließ sich selbst als heiliger Thomas mit Schwert darstellen!

AND BAIN PARISIEN
HOMMES

COMce DE VINS & LIQUEURS
HOTEL
LAVOIR
LE ½ KILO 10c

Auf das Geländer seiner Terrasse gestützt, blickte er zerstreut auf die Wasser der Seine. Einmal war das Panorama, dessen Anblick er von seinem Balkon aus genoss, das fröhlichste Bild der Welt. Dann war es Ende Mai, und der Frühling schleicht sich zuerst von den Kais aus nach Paris ein. (...) Unter einem schwerelosen Himmel, das fahle Grau wie von einer bläulichen Gaze verschleiert, floss rasch die Seine dahin (...). Rauschend und mit schaumigen Blasen sprang sie durch die von den Brückenbögen gebildeten Reifen. (...) Darauf schwirrten die so trefflich benannten Bateaux-Mouches, die »Fliegenschiffe«, für die Rundfahrten auf der Seine. Geschäftig, wichtigtuerisch, mit grollendem Bauch und hundertmal so viel Lärm erzeugend, wie es ihre Aufgabe gewesen wäre, schienen diese fliegenden Schiffe eine imaginäre Kutsche zu ärgern. Von einer Station zur anderen fuhren sie (...) mit keuchender Schraube ihre verkürzten Z bis nach Saint-Cloud, dem Ende der Welt des Parisers.«

Emile Bergerat, 1887

HÔTEL DE VILLE

Rechts: das Hôtel de Ville, Photochrom, 1890er-Jahre. Im Vordergrund der Pont d'Arcole, der die Seine zur Ile de la Cité hin überbrückt. Nachdem das alte Rathaus 1871 bei der Niederschlagung der Kommune in Flammen aufgegangen war, wurde das neue Hôtel de Ville im Stil der Neorenaissance 1882 eingeweiht. Wegen seiner opulenten Innendekoration gilt es als einer der großartigsten Pariser Bauten des 19. Jahrhunderts.
Unten: vor dem Hôtel de Ville, 1920er-Jahre. Die beiden Bronzestatuen beiderseits des Haupteingangs stellen die Wissenschaft und die Kunst dar. Sie sind das Werk von Jules Blanchard und Laurent-Honoré Marqueste. 230 Bildhauer waren an der Ausgestaltung des Hôtel de Ville beteiligt!
Als Vignette: Plakat der Compagnie Générale des Bateaux-Mouches von Hugo d'Alesi, 1894. Die Ausflugsdampfer, die eine Flussrundfahrt auf der Seine anbieten, gibt es in Paris seit der Weltausstellung 1867.
Linke Seite: die Rue de Venise im Hallenviertel, Autochrom, um 1910. Auf der Straße posieren fliegende Händler mit ihren obst- und gemüsebeladenen Schubkarren. Wegen ihrer Spottlust waren sie so bekannt wie gefürchtet.

Oben: Blick auf den Pont au Change und die Place du Châtelet, Stereoskopbild, um 1905. Das Théatre Lyrique (rechts) und das Théatre du Châtelet wurden von dem Architekten Gabriel Davioud einander gegenüber erbaut und 1862 eröffnet. Der Turm Saint-Jacques, 52 Meter hoch, erhebt sich rechts. Dieser spätgotische Glockenturm ist der einzige Überrest der im 13. Jahrhundert erbauten Kirche Saint-Jacques-de-la-Boucherie.

Links: Plakat einer Vorstellung im Théâtre du Châtelet mit Mademoiselle Deberio und Monsieur Pougaud. Désiré Pougaud, ein berühmter Komödiant seiner Zeit, trat hier über 20 Jahre lang auf.

Rechte Seite: die Place du Châtelet, Stereoskopbild, um 1905. Die fünf Rundbögen des Théatre Sarah Bernhardt erheben sich vor der 1808 errichteten Châtelet-Säule. Nach Tourneen in Europa und den USA kehrte die große Sarah 1898 zu diesem Theater zurück. 1903 triumphierte sie in der Titelrolle von *La Sorcière* von Victorien Sardou.

Seiten 32/33: In der Abenddämmerung passieren zwei Ausflugsdampfer den Pont Notre-Dame und den Pont au Change. Links erkennt man die Kuppel des Handelsgerichts (1866), daneben die Tour de l'Horloge. In diesem Uhrenturm hing seit 1370 die erste öffentliche Uhr von Paris.

Unter dem Vorwand einer Wohltätigkeitsveranstaltung in Belleville rang ich meiner Mutter Ausgang bis Mitternacht und 20 Franc ab. Ich erstand mir einen Galerieplatz für eine Vorführung des Russischen Balletts. Als ich 20 Jahre später plötzlich um zwei Uhr nachts allein mitten auf dem Times Square stand, war ich nicht geblendeter als an jenem Abend dicht unter dem Dach des »Théâtre Sarah Bernhardt«. Seide, Pelze, Diamanten, Wohlgerüche und rings um mich her ein grellbuntes, schwatzendes Publikum. (...) Hier (...) war ich rings von einem der großen nächtlichen Feste umspült, deren Widerschein ich so oft am Himmel wahrgenommen hatte. Ich hatte mich ohne Wissen aller mir bekannten Leute dort eingeschlichen, und von denen, die mich dicht am Ellbogen streiften, kannte mich kein Einziger. Ich fühlte mich gleichzeitig unsichtbar und allgegenwärtig (...). An jenem Abend wurde *La Chatte* von Sauguet, *Le Pas d'acier* von Prokofjew und *Le Triomphe de Neptune* von ich weiß nicht mehr, wem aufgeführt. Dekorationen, Kostüme, Musik und Tanz – alles erstaunte mich. Ich glaube, seitdem ich fünf Jahre alt war, hatte ich den Eindruck eines solchen Glanzes nicht mehr gehabt.

Simone de Beauvoir, 1958

Geschlossen war nur noch das Théâtre du Châtelet. Es öffnete seine Türen. Hier ist, nach dem Plakat, der Titel des Stücks, das darin gegeben wird, aller Wahrscheinlichkeit nach 365 Tage in Folge: *Das Huhn, das goldene Eier legt*, ein Märchenspiel mit großer Ausstattung in drei Akten mit einem Prolog und 28 Bildern. (...) Alle kleinen Jungen und Mädchen von Paris werden das verzauberte Haus sehen wollen, das von einer Heerschar kleiner Maurer gebaut wird, dann den Brand, den eine Heerschar kleiner Feuerwehrleute löscht. Die Kulisse, die König Miezekaters Gärten darstellt, ist wunderschön. (...) Ich habe auch noch nie eine so prunkvolle Inszenierung gesehen, bei der das Schauspiel im lebenden Bild, in der bezaubernden Anordnung kaum verschleierter schöner Personen von so schlichter Naivität und Direktheit war. Warum spricht man also jetzt im Kaiserreich so viel von Mariani? Diese Dame spielte in einem berühmten Moment eben im Théâtre du Châtelet die Rolle einer knapp bekleideten Fee. (...) Man ging ins Châtelet, um sich an der Statue im Badetrikot zu ergötzen.

Jean-Jacques Weiss, 1883/85

CHÂTELET

Rechts: das Programmheft für *Im weißen Rössl* (1960), das in der Zeit von 1948 bis 1960 viermal im Châtelet inszeniert wurde. Operette und Tanz nehmen in diesem Theater bis heute einen vorrangigen Platz ein. Die Operette *Le Chanteur de Mexico* – Uraufführung 1951 mit dem großen Luis Mariano – wurde hier seitdem rund tausendmal gespielt! Im Châtelet traten viele internationale Künstler auf, etwa das berühmte russische Ballett von Sergej Diaghilew. Die Startänzerin Tamara Karsawina schreibt in ihren 1931 erschienenen Memoiren: »Als (...) die Bühne des Châtelet zu Beginn des 20. Jahrhunderts den russischen Tänzern gehörte, war sie das, was das antike Rom für Poussin und David gewesen war, was die gotischen Kathedralen für die Romantiker gewesen waren, die Fresken des Quattrocento für die englischen Präraffaeliten.«
Rechts: die Place du Châtelet, Anfang der 1960er-Jahre.
Linke Seite: der Theaterraum des Châtelet. Das Rund wird von neun großen Bögen aus verziertem Schmiedeeisen gebildet. Die riesige Bühne konnte zu einem Innenhof geöffnet werden.

In meinem Leben als Reisender habe ich unzählige Hauptstädte gesehen (...), aber keine Stadt, die einen so enormen Eindruck hervorruft wie Paris und eine so unermüdliche, rastlose Bevölkerung aufweist, die ebenso hektisch in der Mittagssonne wie im Gaslicht lebt, ihren Vergnügungen, ihren Geschäften nachhastend und mit der Gabe der unendlichen Bewegung bedacht. An einem Frühlingstag, wenn man auf dem Mittelstreifen des Pont Neuf stehen bleibt und um sich blickt, ist man geblendet von der wahrhaft außerordentlichen Größe des Schauspiels, das sich dem Auge bietet. Von zahlreichen Brücken überwölbt, von schnellen Booten durchpflügt, von Dampfschiffen befahren, Waschtröge, Badeschiffe, arbeitende Schwimmbagger tragend, (...) strömt der Fluss, einem riesigen Y gleich, langsam dahin und schiebt seine grünen Wasser gegen die großen Kais, auf denen sich die tätige Menge tummelt.

Maxime Du Camp, 1852

Oben: Ansichtskarte mit dem Quai de la Mégisserie, um 1930. Der 1369 erbaute Kai hieß zunächst Quai de la Saulnerie, weil er in der Nähe des Salzspeichers lag, und wurde dann zum Quai de la Mégisserie wegen der hier wohnenden *mégissiers* – Weißgerber. Dieser Name siegte über »Quai de la Ferraille« nach den Eisenhändlern, die am Ufer tätig waren.

Heute findet man hier auf 300 Metern Garten- und Tierhandlungen.
Rechts: Ansichtskarte und Werbeplakette des früheren Kaufhauses Belle Jardinière. Das 1867 zwischen dem Kaufhaus La Samaritaine und den Vogelhändlern am Quai de la Mégisserie eröffnete Belle Jardinière war eines der großen Pariser Textilkaufhäuser.
Rechte Seite: vor den Schaufenstern von La Samaritaine, um 1930. Das Kaufhaus, das von Francis Jourdain zusammen mit Henri Sauvage, der die Art-déco-Fassade schuf, im Jugendstil erbaut und zum Leidwesen vieler 2005 geschlossen wurde, verdankt seinen Namen der Wasserpumpe am Pont Neuf (in Betrieb bis 1813). Darauf war ein Basrelief mit der Samariterin zu sehen, die Christus zu trinken gibt.

5 75
7 50
ANDRE

EIN HELLER SCHEIN HINTEN IN DER RUE RAMBUTEAU KÜNDIGTE DEN TAG AN. Die mächtige Stimme der Markthallen grollte lauter (...). Die beiden betraten eine der überdachten Straßen zwischen der Seefischhalle und der Geflügelhalle. Florent blickte hoch und betrachtete das hohe Gewölbe, dessen innere Holzverkleidung zwischen den schwarzen Kanten der Eisengerüste aufleuchtete. Als er in den großen Mittelgang einbog, musste er an eine seltsame Stadt denken mit ihren unterschiedlichen Vierteln, ihren Vorstädten, ihren Dörfern, ihren Promenaden und ihren Straßen, ihren Plätzen und ihren Kreuzungen, die aus einer gigantischen Laune heraus an einem Regentage ganz und gar unter einen Schuppen gebracht worden ist. Der in den Ausbuchtungen des Daches schlummernde Schatten vervielfachte den Wald der Pfeiler, dehnte die zarten Rippen, die sich abhebenden Emporen und die durchsichtigen Jalousien ins Unendliche; und über der Stadt bis in die Tiefe des Dunkels hinein war alles ein Wuchern, ein Blühen, ein ungeheuerliches Entfalten von Metall, dessen spindelartig hochsteigende Stämme, dessen sich windende und einander umschlingende Äste eine Welt mit dem anmutigen Laub eines hundertjährigen Hochwaldes bedeckten. (...) Soeben war die Seefischhalle geöffnet worden. Frauen schritten über die weißen, vom Schatten der Körbe und liegen gelassener Lappen gefleckten Steinplatten.

Emile Zola, 1873

Oben: die mittleren Hallen um 1900. »Hier sind die Hallen!«, ruft Charles Fegdal 1914 in *Choses et gens des Halles* aus, »die Hallen, in denen die enormen, nicht endenden Wagenladungen ausgeleert, aufgehäuft und angesammelt werden, die der riesige Bauch von Paris schon morgen verschlingt.«
Als Vignette: Ansichtskarte vom Père Tranquille, 1920er-Jahre. Das Kabarett, das nach dem Krieg in ein Restaurant umgewandelt wurde, ist eine Institution! Hierher kam die Bourgeoisie und wartete nach durchfeierten Nächten auf die Morgendämmerung. Der britische Schriftsteller Evelyn Waugh erinnert sich, dass er hier 1929 nach einem Zug durch Montmartre eine *»fine, pungent onion soup«* (eine feine, würzige Zwiebelsuppe) verzehrt hat.
Seiten 42/43: die »Starken von den Hallen«, um 1900. Diese Zunft der Hallenarbeiter bestand aus rund 700 Personen, die häufig aus der Auvergne und Savoyen stammten. Die Kräftigsten konnten, so heißt es, bis zu 20 Tonnen Ware am Tag schleppen! Ein Abzeichen machte die Art ihrer Last kenntlich: Die Geflügelträger trugen einen blauen Kittel und einen sombreroartigen grauen Filzhut, dessen breite Ränder ihnen als Schutz dienten.

Man hatte mir oft von den Hallen und von einem gewissen Gaidras erzählt. Er hätte die ganze Nacht geöffnet, und man äße bei ihm für drei Sous köstliche Kohlsuppe. Verdammt, ja, ich würde in die Hallen gehen. Ich würde mich dort wie ein Vagabund, ein Nachtschwärmer an den Tisch setzen. (...) Beinahe wäre ich trotz meines Hungers zurückgewichen vor den schwarzen Mauern, dem Rauch, den Leuten an den Tischen (...), den Mützen eines Don Juan aus der Gosse, den riesigen weißen Filzhüten der Starken von den Hallen und dem gesunden, rauen Kittel des Gemüsehändlers. (...) Und doch trat ich ein, und ich muss sagen, dass mein schwarzer Anzug sofort Gesellschaft fand. Sie sind in Paris nach Mitternacht nicht selten, die schwarzen Anzüge ohne Übermantel im Winter, die einen Hunger von drei Sous auf eine Kohlsuppe haben! Eine erlesene Kohlsuppe übrigens; duftend wie ein Garten und dampfend wie ein Krater. Ich nahm zweimal nach.

Alphonse Daudet, 1857–1897

Oben: die Fleischhalle in den Hallen, 1920er-Jahre. Diese Markthalle war für die Fleischer das, was die Place de la Bourse für die Finanzwelt ist. Sie wurde 1973 als letzte geschlossen. *Als Vignette:* Ansichtskarte vom Restaurant de l'Escargot, um 1920. Es handelt sich um eine der ältesten Gaststätten von Paris; 1832 wurde sie unter dem Namen Escargot d'Or in der Rue Montorgueil 38 inmitten der Hallen eröffnet. In dem heute denkmalgeschützten Haus verkehrten Marcel Proust, Sarah Bernhardt, Sacha Guitry, Salvador Dalí und Jackie Kennedy. *Rechte Seite:* die Hallen um 1950. Im Hintergrund die Kirche Saint-Eustache (erbaut von 1532 bis 1641), quer verläuft die Rue Montmartre. *Seiten 46/47:* Ansicht der Hallenpavillons in den 1920er-Jahren. 1851 begann man nach den Plänen und unter der Leitung von Victor Baltard mit dem Bau. Dazu gehörten zwölf in zwei gleich große Gruppen eingeteilte Pavillons. Zehn davon wurden bis 1870 gebaut, die beiden letzten wurden 1936 fertiggestellt. Außer den Fundamenten aus rotem Vogesen-Sandstein und einer dünnen Backsteinmauer besteht das ganze Bauwerk aus Metall: Stützsäulen, Bögen, Beschläge und Dachstühle. Die meisten Pavillons wurden 1972 und 1973 leider abgerissen. *Unten:* Katalog der Firma Dehillerin in der Rue Coquillière (1930er-Jahre), eines Herstellers von Küchengeräten seit 1820.

VIANDES

L'HOMME
L'HOMME
Jouets 1922
L'HOMME
L'HOMME

Mit den Anglern und dem Leben auf dem Fluss, den schönen Lastkähnen mit ihrem eigenen Leben an Bord, den Schleppern – mit ihren Schornsteinen, die sich zurücklegten, um unter den Brücken hindurchzukommen –, die eine Reihe von Kähnen zogen, den großen Ulmen an den steinernen Ufern des Flusses, den Platanen und an manchen Stellen den Pappeln, konnte ich mich niemals am Fluss einsam fühlen. Mit so vielen Bäumen in der Stadt konnte man Tag für Tag den Frühling kommen sehen, bis ihn eine Nacht mit warmem Wind plötzlich eines Morgens brachte.

Ernest Hemingway, frühe 1920er-Jahre

L O U V R E

Oben: Blick auf die Seine vom Quai du Louvre aus, 1925/30. Im Hintergrund der Pont des Arts, auch Passerelle des Arts (»Steg der Künste«) genannt, die erste Pariser Eisenbrücke und einzige Fußgängerbrücke. Erbaut von 1801 bis 1804 und in den 1870er-Jahren verbreitert, wurde sie 1979 von einem Lastkahn gerammt und 1984 originalgetreu rekonstruiert.
Links: die Seine und der Pont Neuf an der Spitze der Ile de la Cité.
Rechte Seite: der Louvre heute. Links im Bild die Ostseite mit einem Teil der mächtigen Kolonnade aus 52 korinthischen Säulen und Pfeilern, die jeweils zu zwei und zwei angeordnet sind.
Seiten 50/51: die Seine und die Ile de la Cité, um 1900. Im Vordergrund der Pont des Arts. Rechts auf dem kleinen Seine-Arm die Schleuse von Monnaie. Sie regelte den Wasserstand, sodass die Schifffahrt zu jeder Jahreszeit möglich war. Heute ist sie verschwunden, ebenso wie die Waschschiffe, die an der Spitze der Ile de la Cité vertäut waren.
Als Faksimile: der Pont des Arts und das Institut de France, Ansichtskarte, 1905.

EXTRAIT de VIANDE
LIEBIG

Ich muss auf meinen Balkon, um das Grauwerden nicht zu versäumen. Die Brücke leuchtet schon so seltsam hell, und im Wasser ist die sanfte, seidene Bewegung. (...) Von meinem hohen Posten aus ist kein Ende und Absehen. Wie eine graue Intarsie ist der Turm Saint-Jacques in die östlichen Himmel eingelegt und dahinter das Hôtel de Ville und noch ein Turm, leise, leise. Und nach Westen hin häufen sich die Wipfel der Tuileriengärten, und zu allem hin und von allem her reicht dieser blanke, lange, lebendige Fluss, in dem alles Grau der Dinge feucht und flüssig wird und der sich anfüllt mit dem Glanz von allem, was glänzt ... Ich war heute zum ersten Mal in Notre-Dame; sie sangen ein kleines Amt, und es war wie immer, nur die Fensterrosen schienen mir weiter aufgeblüht. Ich war im Louvre, wo die Menge der Rembrandts mich überraschte; es ist manches hinzugekommen; ein merkwürdiger Greco, ein Vermeer, die Gioconda war wissend und wunderbar ...

Rainer Maria Rilke, 1905

Oben: der Glockenturm von Saint-Germain-l'Auxerrois, Photochrom, 1890er-Jahre. »Wenn ich an dem Turm vorbeigehe (...)«, schrieb 1860 der Chronist des *Bulletin monumental de la Société française d'archéologie*, »glaube ich eine Frau mit kurzen Beinen zu sehen, mit lang gestrecktem Oberkörper ohne Korsett und ohne Hüften!«
Links: die Kuppel des Institut de France, vom Louvre aus gesehen, um 1950. Das 1795 geschaffene »Parlament der gelehrten Welt« ist heute Sitz der Académie française und Standort der kostbaren Privatbibliothek des Kardinals Mazarin.
Rechts: die Rue de Rivoli, um 1880. Jean-Marie Audin, der Verfasser des Reiseführers *Guide classique du voyageur en Europe,* zählte hier 1852 zwischen den Nummern 28 und 52 »nicht weniger als fünf große Hotels«. Er empfahl, sich »mit der Droschke« herfahren zu lassen, einem Verkehrsmittel, das »gleichzeitig das sparsamste und das bequemste« sei.
Rechte Seite: der Durchgang in die Cour carrée, den Innenhof des Louvre, durch den Pavillon de Sully. Von Philippe Auguste bis Ludwig XIV. Sitz der französischen Könige, beherbergte der Louvre auch ungewöhnlichere Gäste, nämlich Raubvögel. So schreibt der Historiker Adolphe Dureau de la Malle 1831 in *Les Annales des sciences naturelles*: »Ich sah (...) die Väter und Mütter von der Jagd zurückkehren, mit einer toten Maus oder einem Sperling in ihren Fängen, über dem Hof schweben und mit immer gleichem Schrei ihre Kinder rufen (...). Sie kamen herausgeflogen und flatterten in der Cour carrée unter ihnen herum.«

PORTE de VERSAILLES LOUVRE
LOUVRE
AG Rue de Sevres - St Germain des Prés - Palais - Royal

Oben: der Saal der Karyatiden, um 1880. Seit der Umwandlung des Louvre-Palasts 1798 in ein Museum kann das Publikum die vier Karyatiden bewundern, die Jean Goujon 1550 als Träger für die Tribüne der Musiker (im Hintergrund) geschaffen hat. In diesem Saal fand am 19. August 1572 die Vermählung von Margarete von Valois mit Heinrich von Navarra statt, zu der sich der Admiral Coligny und andere führende Hugenotten einfanden. Fünf Tage später, in der Bartholomäusnacht, gab der König Befehl, sie niederzumetzeln.

Rechts: die Venus von Milo, Photochrom, 1890er-Jahre. »Sollte die Venus von Milo eines Tages Arme haben, werden die meinen vor Erstaunen und Kummer darüber niedersinken«, schrieb Alfred Delvau 1865 in *Le Fumier d'Ennius*.

Rechte Seite: die Apollo-Galerie, Photochrom, 1890er-Jahre – der schönste Raum im Louvre und einer der glanzvollsten Säle der Welt. Die Barockausschmückung geht auf Charles Le Brun zurück, der den Sonnengott in den Mittelpunkt gestellt hatte, um Ludwig XIV. zu verherrlichen. Sie wurde erst 1851 mit dem Gemälde *Apollo vernichtet die Pythonschlange* von Eugène Delacroix vollendet.

Seiten 54/55: Vor den Durchgängen des Louvre zur Seine hin kreuzen sich zwei Pferdeomnibusse, um 1900.

Seiten 58/59: Erinnerungen an das Grand Hôtel und die Grands Magasins du Louvre, 1881. Das erste Pariser Grandhotel wurde auf Initiative der Brüder Pereire von Alfred Armand für die erste Weltausstellung 1855 erbaut. Dazu gehörte eine riesige Ladenpassage, eine wahre »babylonische Karawanserei«.

Und hier bin ich im Louvre. Eine grosse Kaserne, ich hatte nicht unrecht, eine lange Zimmerflucht. Nackte Gestalten mit leeren Augen, aus Marmor oder Bronze, sehen mich an, oder auch gemalte Augäpfel, die mich, wie mir scheint, belauern und verfolgen. Das Erdgeschoss mit Steinfliesen und hellen Wänden, in ein weißes, ein wenig fahles Licht getaucht, wirkt feindselig und herablassend. Im ersten Stock hingegen ist es düster, holzvertäfelt und fürstlich. (...) Inmitten der reichen, verblichenen Vorhänge, der schwärzlich verfärbten Verduren leuchtet ein Pferderücken, zieht eine Kehle so viel von der kargen Helligkeit an sich, wie sie kann. (...) Bisweilen riecht es nach frischer Farbe: Ein finsterer Kopist drückt neben mir seine Tuben aus; ich hatte ihn nicht bemerkt. Wächter kommen und gehen, schwatzen; vor einer starren Madonna oder der Enthauptung eines Heiligen durch einen orangefarbenen Henker lauschen drei Engländerinnen auf Klappstühlen einem Führer. Immer wieder ertönt das Klopfen eiliger Schritte, und eine Herde brandet unter Führung eines mehrsprachigen Hirten herein. (...) Man lebt im Herzen einer Stadt, hat dort seine Beschäftigungen, glaubt, alles von seinem Viertel zu kennen, und entdeckt plötzlich geheimnisvolle Höhlen, bevölkert von Wesen, die in fernen Jahrhunderten entstanden und nun hier nebeneinander aufgehängt leben. (...) Ich fühle mich wie ein kleines Etwas ohne jede Bedeutung (...). Dann aber tröstet mich der Blick aus einem Fenster auf die Schlepper, die Seine, die Busse, die Straßenarbeiter im Hof, die Tauben und bringt mich wieder zurück in die eigene Zeit und eine bessere Stimmung.

Alexandre Arnoux, 1939

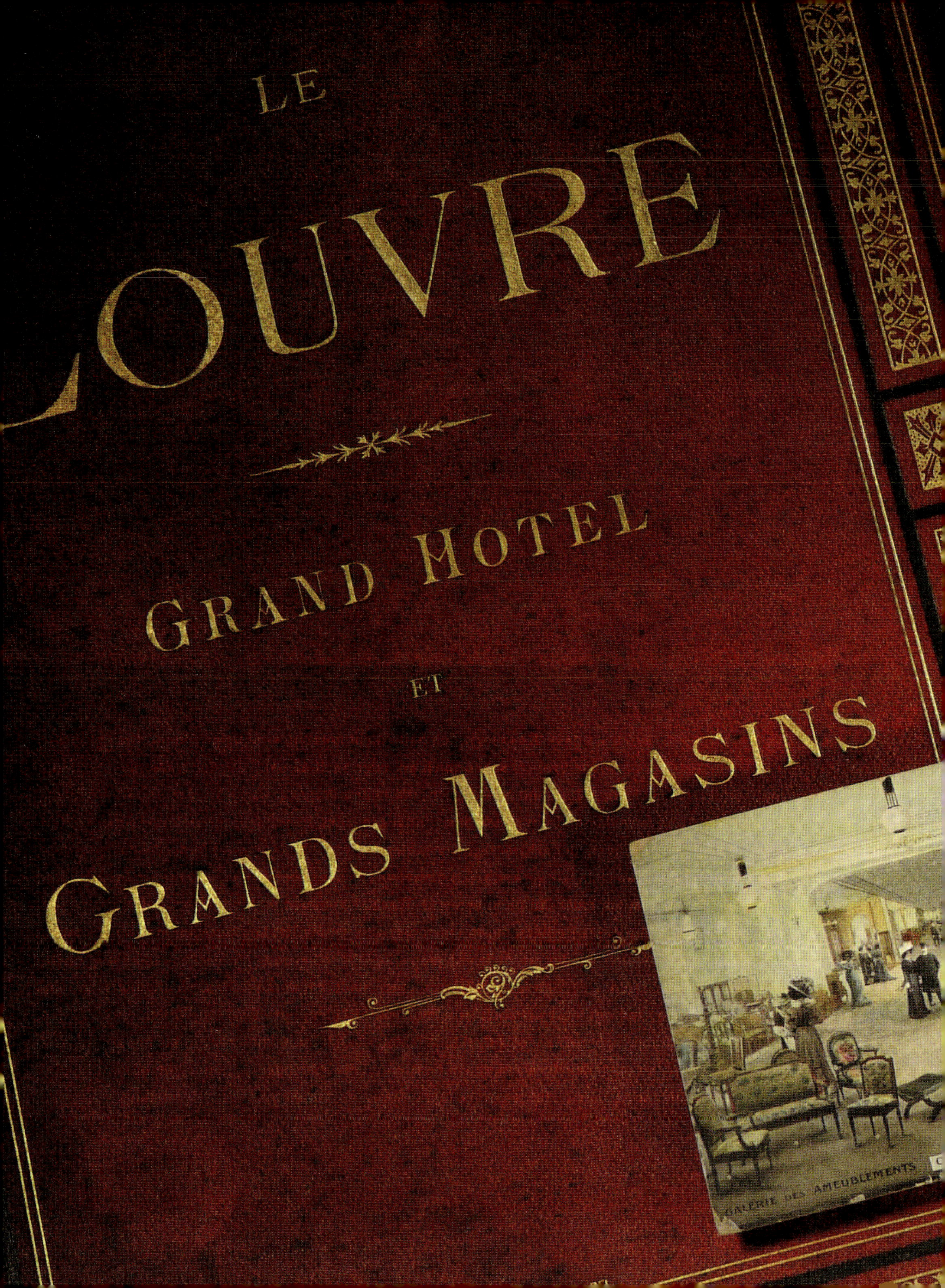
LE
LOUVRE
GRAND HOTEL
ET
GRANDS MAGASINS
GALERIE DES AMEUBLEMENTS

GRAND HÔTEL DU LOUVRE
Place du Théâtre Français
Paris
MAGASINS DU LOUVRE, PARIS
la Soierie (Ancienne cour de l'Hôtel du Louvre)

LACES
1re

»Ich (…) ging den Morgen sogleich in das neue grosse Hôtel du Louvre, wo ich ganz einfach ein ruhig gelegenes Zimmer zu drei Francs verlangte. Sogleich erhielt ich es im dritten Stock, in die Höfe hinaus; klein, aber sehr sauber und solid alles; ein großer Fauteuil, wenn auch kein Kanapée. Kein Wagengerassel, weil die anliegende Rue Rivoli nicht gepflastert ist: kurz, wie ich's nur wünsche. Jeder Mensch soll in Paris nur nach dem Hôtel du Louvre gehen; man fragt ganz einfach nach dem, was man sucht, und erhält es, vom prachtvollsten Appartement bis zum einfachsten und wohlfeilsten. Dabei ist man in gar nichts geniert; man speist, wenn man will, in der Restauration des Hotels à la carte, was mir das Liebste ist; da kann ich mir immer meinen Fisch und meine Kalbscotelett geben lassen. Kurz, ich bin froh, dass ich ruhige Nächte vor mir sehe: auch habe ich keine Nachbarschaft.«

Richard Wagner, 1858

Linke Seite: Innenraum eines Busses der Compagnie Générale des Omnibus, um 1930. Von 1916 bis 1937 verkehrten 1 269 solcher Schneider-Busse vom Typ H, zuerst auf der Linie E, Madeleine-Bastille. Der Bus hatte 38 Plätze, 16 davon in der ersten Klasse, in der zweiten Klasse zwölf Sitz- und zehn Stehplätze. Der Einstieg befand sich hinten, wo auch der Schaffner war. Der Wagenkasten ist eine Konstruktion aus verblechtem Holz, die Vollgummireifen wurden ab 1928 durch Luftreifen ersetzt.
Rechts: der Platz vor dem Palais Royal – wo ebendiese Autobusse verkehren – in den 1920er-Jahren. Der letzte Pferdeomnibus ging am 12. Januar 1913 auf seine Abschiedsfahrt. Die ersten Autobusse wurden anlässlich des Autosalons 1905 auf der Strecke Bourse-Grand Palais eingesetzt.
Unten: »Vor der Ära der Fußgängerüberwege«, so lautet der Kommentar zu diesem Foto in der Zeitschrift *Paravent* von 1933. »Überhaupt ist Paris furchtbar geworden durch den entsetzlichen Verkehr, die Straßen dampfen von Benzin, ein Übergang ist eine Unternehmung«, bedauert Stefan Zweig 1913 in seinem Tagebuch.

Oben: Sir Laurence Olivier sowie die Schauspielerinnen Margaret Leighton (rechts) und Joyce Redman posieren neben der Molière-Büste im Foyer der Comédie Française, 1945.
Rechts: Alexandre Simonet, Regisseur der Comédie Française in den 1940er-Jahren, lässt mit dem *brigadier* die drei Schläge ertönen. Im 18. Jahrhundert war es in diesem Theater üblich, zweimal drei Schläge zu Gehör zu bringen, bevor sich der Vorhang hob. Die Zeremonie erinnerte an den Zusammenschluss der Truppe des Hôtel de Guénégaud (ehemals Molières Schauspieltruppe) mit derjenigen des Hôtel de Bourgogne – die Geburtsstunde der Comédie Française.

Rechte Seite: Plakat und Eintrittskarte für eine Vorstellung von Victor Hugos Drama *Hernani*, 1877. Wie erkennbar, wurde die Titelrolle von Jean Mounet-Sully gespielt und die Rolle der Doña Sol von Sarah Bernhardt, Mitglied der Comédie Française seit 1862.
Seiten 62/63: das Künstlerfoyer der Comédie Française, 1890er-Jahre. Die Comédie Française trat ab 1799 im Richelieu-Saal des Palais Royal auf. Auf dem Kamin steht die Marmorbüste Molières, die 1778 von Jean-François Houdon geschaffen wurde; heute hat sie ihren Platz im Foyer des Théâtre Français.

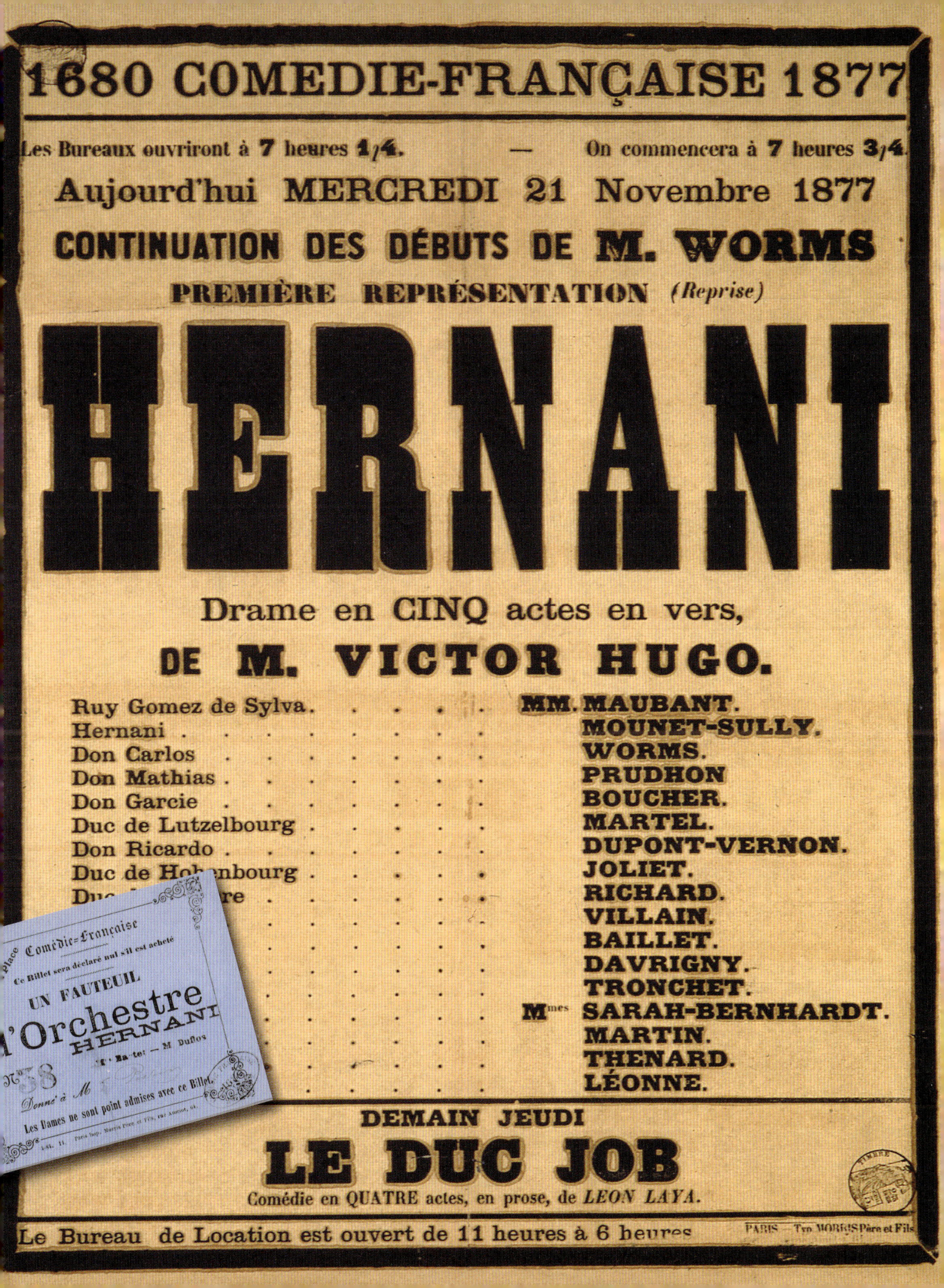

1680 COMEDIE-FRANÇAISE 1877

Les Bureaux ouvriront à 7 heures 1/4. — On commencera à 7 heures 3/4.

Aujourd'hui MERCREDI 21 Novembre 1877

CONTINUATION DES DÉBUTS DE M. WORMS

PREMIÈRE REPRÉSENTATION *(Reprise)*

HERNANI

Drame en CINQ actes en vers,

DE M. VICTOR HUGO.

Ruy Gomez de Sylva	MM. MAUBANT.
Hernani	MOUNET-SULLY.
Don Carlos	WORMS.
Don Mathias	PRUDHON
Don Garcie	BOUCHER.
Duc de Lutzelbourg	MARTEL.
Don Ricardo	DUPONT-VERNON.
Duc de Ho[illegible]nbourg	JOLIET.
Duc [illegible]re	RICHARD.
	VILLAIN.
	BAILLET.
	DAVRIGNY.
	TRONCHET.
	Mmes SARAH-BERNHARDT.
	MARTIN.
	THENARD.
	LÉONNE.

DEMAIN JEUDI

LE DUC JOB

Comédie en QUATRE actes, en prose, de *LEON LAYA*.

Le Bureau de Location est ouvert de 11 heures à 6 heures

PARIS — Typ. MORRIS Père et Fils.

Durch die Galerien des Palais schlendernd, entdeckte ich, dass unter den im achtzehnten Jahrhundert von Prince Egalité ebenmäßig gebauten Häusern dieses riesigen Carrés ein einziges einstmals vornehmes Palais zu einem kleinen, etwas primitiven Hotel herabgekommen war. Ich ließ mir eines der Zimmer zeigen und merkte entzückt, dass der Blick vom Fenster in den Garten des Palais Royal hinausging, der mit Einbruch der Dunkelheit geschlossen wurde. Nur das leise Brausen der Stadt hörte man dann undeutlich und rhythmisch wie einen ruhelosen Wogenschlag an eine ferne Küste, im Mondlicht leuchteten die Statuen, und in den ersten Morgenstunden trug manchmal der Wind von den nahen »Halles« einen würzigen Duft von Gemüse her. In diesem historischen Geviert des Palais Royal hatten die Dichter, die Staatsmänner des achtzehnten, des neunzehnten Jahrhunderts gewohnt. (...) Dort war der gedeckte Gang, wo der arme kleine Leutnant Bonaparte sich unter den promenierenden, nicht sehr tugendhaften Damen eine Gönnerin gesucht. Die Geschichte Frankreichs sprach hier aus jedem Stein.

Stefan Zweig, 1944

Oben: der Eingang zum Restaurant Grand Véfour unter den Arkaden des Palais Royal heute. Victor Hugo verzehrte hier sein Lieblingsgericht, Hammelbrust mit weißen Bohnen. Colette, Cocteau, Simone de Beauvoir und Jean-Paul Sartre, alle waren hier zu Gast. Das Grand Véfour, das letzte noch existierende der Restaurants aus dem 18. Jahrhundert, hat viele Stürme erlebt, vielen Unbilden getrotzt. So weigerte sich einmal ein Kunde, seine Rechnung zu bezahlen: »Hören Sie«, schlägt ihm der Inhaber des Véfour vor, »ich liege im Streit mit meinem Nachbarn; tun Sie mir den Gefallen und gehen Sie bei ihm für die gleiche Summe essen.« – »Ich bedaure, mein Herr, dass ich Ihnen diesen Gefallen nicht tun kann; Ihr Nachbar (...) hat mich nämlich zu Ihnen geschickt.« (Laut P.-J. Martin in *L'Esprit de tout le monde*, 1859.)

Als Vignette: die Speisekarte des Grand Véfour.

Oben: der Jardin du Palais Royal, um 1880.

Rechte Seite: die Galerie Vivienne heute. »Dies ist nach der Einkaufspassage de Choiseul und der Passage des Panoramas die meistbesuchte, prächtigste und belebteste Passage von Paris«, kann man 1863 im *Guide Joanne* lesen. 183 überdachte Passagen und Galerien dienen damals dem Flanieren und der Begegnung. Man findet dort »nahezu alles, was man üblicherweise zum Leben braucht«, schreibt 1866 Victor Adolphe Malte-Brun und fährt fort: »Die Einkaufspassagen verblüffen den Fremden, beeindrucken den Provinzbewohner und konkurrieren mit allem, was London in seinen schönsten Straßen an Angenehmerem und Prachtvollerem bieten mag.«

Seiten 68/69: das Wasserbecken und der Springbrunnen im Jardin du Palais Royal heute.

PARIS. Chez Rumpelmayer. ND. Phot.

HÔTEL
DE LA
TAMISE
4, RUE D'ALGER
PRÈS DES TUILERIES
PARIS

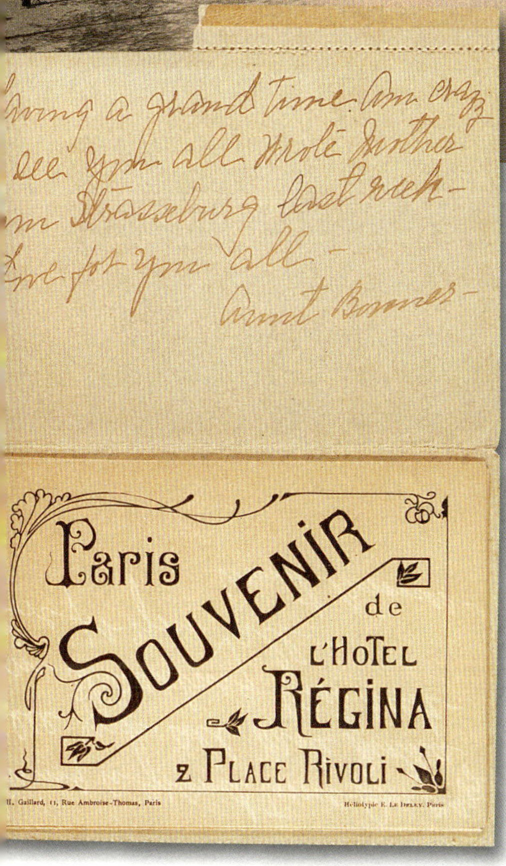

Oben: zwei Photochrom-Ansichten der Rue de Rivoli und des Tuileriengartens, 1890er-Jahre. Die Rue de Rivoli, 1863 vom *Guide Joanne* als »eine der schönsten Straßen von Paris« bezeichnet, wurde unter Napoleon begonnen und erhielt ihren Namen nach dem Ort seines Sieges über die Österreicher. Auf dem napoleonischen Teil »stehen dem Erdgeschoss Rundbogenarkaden voran. Sie bilden eine überdachte Galerie, durch die sich unablässig Spaziergänger drängen«.
Links: Ansichtskarte des Hotels Régina, um 1900. Das Régina, das zur Weltausstellung 1900 die ersten Gäste empfing, wurde dort erbaut, wo sich früher die Reitbahn des königlichen Pferdestalles am Louvre befand.

Linke Seite, links: Ansichtskarte des berühmtesten Teesalons von Paris, Angelina, um 1900. Noch immer wird hier heiße Schokolade von Weltruf serviert: mit einer Wolke schaumiger Sahne und einem Mont-Blanc (Baiser, Schlagsahne, Kastaniencreme). Das Wiener Café wurde 1903 vom Österreicher Antoine Rumpelmayer gegründet. Zu Ehren seiner Schwiegertochter nannte er es Angelina. Coco Chanel und Marcel Proust nahmen hier ihren Fünfuhrtee ein.
Rechts: Spaziergänger unter den Arkaden der Rue de Rivoli, 1907;
Als Vignette: Gepäckaufkleber des Hôtel de la Tamise. Die prächtigen Hotels des Viertels erfreuten sich vor allem bei reichen englischen Touristen außerordentlicher Beliebtheit.

Der Tuileriengarten erstreckt sich bis zur Place du Carrousel, zwischen der Rue de Rivoli, die durch die Terrasse der Feuillanten abgetrennt ist, und der Seine, die auf der anderen Seite der Terrasse du bord de l'eau (Uferterrasse) fließt. Auf der weitläufigen Fläche stehen versetzt Kastanienbäume und Linden, die durch eine breite Mittelallee getrennt sind – in gerader Linie vom Tor des Triumphbogens über die Champs-Elysées, den Obelisken zum Arc du Carrousel. An den Enden befinden sich jeweils zwei Springbrunnen. (...) Unter den wundervollen Kastanienbäumen, die sie beschatten, scharen sich um die Marmorbecken zahlreiche Statuen, darunter Meisterwerke der Bildhauerei von Lepautre, Eudes, Coustou, Coysevox, Perrault, Pradier oder Bary. (...) Die Orangenbäume, die jeden Winter in die Orangerie der Uferterrasse gebracht werden, erfüllen die Alleen und Beete an schönen Tagen mit ihrem Duft und spenden der fröhlichen Kinderschar Schatten, die jeden Sommer wie frei lebende Vögel mit ihrem Zwitschern den hübschen Park erfüllt.

Constant de Tours, 1890

Linke Seite, oben: der Westeingang des Tuileriengartens, Photochrom, 1890er-Jahre. Ganz hinten der Arc du Carrousel, den Napoleon zur Verherrlichung seiner Siege von 1805 errichten ließ. Der Park wurde 1665 von Le Nôtre, dem berühmten Gartenkünstler Ludwigs XIV., entworfen. Die beiden Eingangspfeiler auf der Seite zur Place de la Concorde tragen zwei Statuen von Charles-Antoine Coysevox, Merkur auf dem Pegasus (links) und Fama auf dem Flügelross; *Unten:* der Ziegenwagen, Stereoskopbild, 1905. Eine gewisse Madame Boulangeot bot 1917 diese Art Spazierfahrt in den Tuilerien an. Eines Tages biss der Hund von Präsident Emile Loubet eine ihrer Ziegen. Als Entschädigung schenkte ihr der Präsident gleich einen neuen Ziegenwagen!
Rechts oben: die Terrasse der Feuillanten, von Orangenbäumen gesäumt, Photochrom, 1890er-Jahre. Die Statue im Vordergrund ist eine Bronzeskulptur von François-Joseph Bosio, *Herkules besiegt die Hydra.*
Rechts: Plakat, 1878. Anlässlich der Weltausstellung 1878 konstruierte Henri Giffard diesen Heißluft-Fesselballon, der 40 Passagiere befördern konnte. 35 000 Personen betrachteten damit Paris aus der Luft.

AM TAG MEINER ANKUNFT IN PARIS, als ich gegen zehn Uhr abends in das renommierte Hotel Meurice zurückkehrte, wurde ich von einem der Boys in mein Appartement geleitet, und als ich in mein Bett schlüpfte, das ich besonders warm und kuschelig vorfand, schwand alle Müdigkeit wunderbar dahin. Ich wachte am nächsten Morgen früh auf, frisch und munter, auf Abenteuer aus. Ich war entzückt von meiner guten Laune und, vor allem, sehr überrascht festzustellen, dass mich offenbar das ganze Hotel dabei beobachtete. Mein Zimmer, das keine Fensterläden hatte, ging nämlich in einen so engen Hof hinaus und war so gelegen, dass man von allen benachbarten Fenstern aus hineinsehen konnte! Als Vorhänge diente nur ein eleganter Store aus dünnem Musselin, der nichts vor den indiskreten Blicken verbarg ... Deshalb suchte ich, sobald ich mein Frühstück eingenommen hatte, den Direktor auf und wagte die Bitte, man möge mir ein anderes Zimmer geben, ganz gleich wo im Hotel, sofern es nicht auf den Hof hinausginge. Niemand, ich versichere es Ihnen, hätte sich diensteifriger, höflicher zeigen können als Monsieur Meurice, als er mir erklärte, dass gerade 80 000 Fremde in Paris weilten, um den Feiern zum Nationalfeiertag beizuwohnen, sein Hotel absolut voll besetzt sei und es leider nicht in seiner Macht stünde, mir meine Bitte zu gewähren.

Francis Bond Head, 1852

Oben: Soirée in der großen Halle des Hotels Meurice; dazu ein Gepäckaufkleber. Der Schriftsteller William Thackeray war ein absoluter Fan des Meurice. »Wenn man kein Wort Französisch spricht«, schrieb er 1840 in *The Paris Sketch Book*, »wenn man englischen Komfort schätzt, saubere Zimmer, ein reichhaltiges Frühstück; wenn (...) man seine Landsleute, sein dunkles Bier, seinen Cognac wiederfinden will (...), so spreche man: ›Meurice!‹, und auf der Stelle wird sich jemand anbieten, einen in die Rue de Rivoli zu geleiten.«

Rechte Seite und Seiten 74/75: der Speisesaal des Hotels Meurice, heute und um 1900. Die Marmorpfeiler und vergoldeten Bronzeverzierungen sollen an den Friedenssaal im Versailler Schloss erinnern.

Oben: das Vestibül des Hotels Intercontinental an der Ecke Rue de Rivoli und Rue de Castiglione, um 1940. Der Luxus dieses Hauses, das anlässlich der Weltausstellung 1878 seine Türen öffnete, übertraf den aller anderen Hotels seiner Kategorie.

Unten Links: der maurische Salon im Hotel Intercontinental, der auf einen Entwurf des Architekten Henri Blondel zurückgeht; dazu ein Gepäckaufkleber des Hôtel de Castiglione.

Und unter dem allem hin, niedrig, immer noch die Place de la Concorde und die Bäume der Champs-Elysées, schattig, von zu Grün vereinfachtem Schwarz, unter den Westwolken. Rechtshin helle Häuser, sonnig angeweht, und ganz im Hintergrund in blauem Taubengrau nochmals Häuser, in Plans geschlossen, mit steinbruchhaften, gradlinig abgesetzten Flächen. Und plötzlich, kommt man in die Nähe des Obelisken (um dessen Granit herum immer ein wenig blonder alter Wärme flimmert und in dessen Hieroglyphenhöhlungen: in der immer wieder vorkommenden Eule, altägyptisches Schattenblau sich hält, eingetrocknet wie in Farbenmuscheln), so fließt in kaum merklichem Gefälle die wunderbare Avenue auf einen zu, rasch und reich und wie ein Strom, der vorzeiten mit seiner eigenen Gewaltsamkeit das Tor gebrochen hat in die Felsenwände des Arc de Triomphe dort hinten am Etoile. Und das alles liegt da mit der Generosität einer geborenen Landschaft und wirft Raum aus. Und von den Dächern, da und da, halten sich die Flaggen immer höher hinauf in die hohe Luft, strecken sich, schlagen, als flögen sie ab; da und da.

Rainer Maria Rilke, 1907

Oben: die Place de la Concorde, von der Tuilerien-Terrasse aus gesehen, Photochrom, 1890er-Jahre. »In der Nacht ist die Place de la Concorde der eigentliche Mittelpunkt von Paris und von Frankreich«, schreibt Paul Morand 1933 in seinem Vorwort zu *Nächtliches Paris* von Brassaï. »Hier findet jeden Abend ein großes Fest statt (dessen Wirkung sich an Regentagen verdoppelt). Jedermann ist eingeladen, nur die Statuen versteinerter Städte bleiben am Rande stehen.«

Links: die Place de la Concorde, Stereoskopbild, 1909. Hinter dem Meeresbrunnen ragt der Obelisk von Luxor auf, nach Victor Hugo »das menschliche Bauwerk, das am machtvollsten den Gedanken der Dauer erweckt«. Der Obelisk wurde 1836 hier aufgestellt. *Rechte Seite:* der Meeresbrunnen auf der Place de la Concorde heute; im Vordergrund eine der drei Triton-Figuren mit einem Fisch in den Händen. Zwei dieser Springbrunnen schmücken den Platz, einer im Süden und einer im Norden – der Flussbrunnen. *Seiten 80/81:* die Place de la Concorde, 1900. Auf das Eleganteste gekleidete Damen und Herren lassen sich mit der Postkutsche zum Journée des Drags nach Auteuil fahren: Dieses »Fest der Eleganz« fand nach dem großen Pferderennen statt. Man nahm daran teil, um zu sehen, aber auch, um gesehen zu werden.

HOTEL
DE
CRILLO
PAR
adopta afin d'effacer le souvenir des
its de la Révolution.
hamps-Elysées, dont l'immense avenue
notre droite jusqu'à l'Arc de Triomphe,
défiler, depuis un siècle et demi, tous les
ges de triomphe ou de deuil, entrer tous les
erains amis ou ennemis, dont l'énumération
s ferait écrire l'histoire entière du XIXe siècle
ec ses révolutions, ses guerres et aussi ses grandes
xpositions, fêtes de la paix et du progrès humain.
La colonnade où nous sommes à l'Hôtel de
Crillon, a pour symétrique, de l'autre côté de la
rue Royale, la colonnade du Ministère de la Marine,
ancien garde-meuble de la couronne.
Pour juger de la magnifique ordonnance de ces
deux façades, il faut aller au milieu de la place,
au pied de l'obélisque de Louqsor, et voir se déve-
lopper la rue Royale en face de soi jusqu'à l'église
de la Madeleine, entre l'Hôtel de Crillon à gauche,
du côté de l'avenue Gabriel, et le Ministère de
TERRASSE DE L'HOTEL DE CRILLON
sur la place de la Concorde.

Die Kolonnade am Hôtel de Crillon hat als Gegenstück auf der anderen Seite der Rue Royale die Kolonnade am Marineministerium, dem ehemaligen königlichen Möbelspeicher. (...) Wer die Eckpavillons und ihre anmutigen Giebel beschreiben will, die mächtigen, von Bögen unterbrochenen Sockel, die wunderbare Harmonie der Kolonnaden und die Terrassen im italienischen Stil, hält sich mit etwas auf, das jeder, der Paris besucht hat, kennt und bewundert. Treten wir daher durch die eindrucksvolle Tür, deren traditionsreiche Vertäfelungen und Beschläge sorgfältig erhalten wurden, in das Hotel ein. (...) Der große Speisesaal geht auf der einen Seite direkt auf den Platz hinaus und auf der anderen auf den Hotelhof, den üppige Blumenbeete schmücken. Ein entzückendes Schauspiel auf der einen Seite, Kühle und Ruhe auf der anderen, Luft und Licht überall, und in der Mitte das opulente Dekor des ganz mit Marmor und Spiegeln ausgekleideten Saals.

Broschüre des Hôtel de Crillon, 1909

Links: das Personal des Hotels Crillon im Eingang, Place de la Concorde, 1925. Die Umwandlung des Stadtpalais der Grafen von Crillon in ein Luxushotel fand von 1907 bis 1909 statt. Walter d'Estailleur schuf die prunkvolle Ausstattung.
Linke Seite: die Terrasse des Crillon in einem Büchlein über das Hotel aus dem Jahre 1909, als es eröffnet wurde. »Was dem Hôtel de Crillon seinen einzigartigen Charme verleiht«, unterstreicht der Text, »sind die Terrassen im italienischen Stil. Sie thronen über der Kolonnade und gehören zu einer ganzen Reihe Appartements der obersten Etage, denen sie einen wundervollen Ausblick schenkt ...«
Rechts oben: der Salon des Aigles mit schönem Parkett französischen Stils im Fischgrätverband und Aubusson-Teppichen. Serviert wurde in böhmischem Kristall und Wedgwood-Porzellan mit Blattgoldeinlagen.

Als Vignette: Gepäckaufkleber.
Unten: die Fassade des Hôtel de Crillon 1907, wie sie der Architekt Ange-Jacques Gabriel 1758 auf Geheiß Ludwigs XV. entwarf.

MADELEINE BASTILLE

Paris in seinem Glanz

Von Concorde bis Porte Saint-Denis

1- Rue Royale
2- Maxim's
3- Lachaume
4- Ladurée
5- Le Nain Bleu
6- Prunier
7- Les Trois-Quartiers
8- La Madeleine
9- Lucas Carton
10- Hédiard
11- L'Olympia
12- Théâtre de l'Athénée
13- Place Vendôme
14- Chaumet
15- Hôtel Ritz
16- Rue de la Paix
17- Harry's Bar
18- Grand Hôtel / Café de la Paix
19- Opéra Garnier
20- Galeries Lafayette
21- Printemps Haussmann
22- Théâtre Mogador
23- Brasserie Mollard
24- Hôtel Terminus Saint-Lazare
25- Gare Saint-Lazare
26- Casino de Paris
27- La Trinité
28- Musée Gustave Moreau
29- Musée de la Vie romantique
30- Opéra Comique
31- Pointe Drouot
32- Grands Boulevards
33- Folies Bergère
34- Grand Rex
35- Julien
36- Concert Mayol

Versetzen wir uns ins 19. Jahrhundert, in die Rolle einer der eleganten Damen aus dem reichen französischen oder ausländischen Adel, die unter einem weißen Spitzenschirm, in einem Kleid aus üppig besticktem Musselin, einen Kaschmirschal um die Schultern, auf den Boulevards promenierten. Oder stellen wir uns vor, wir hätten Zutritt zum Kreis jener Herren der Großbourgeoisie, die in einem Jackett aus Wollserge mit Seidenrevers und Glacéhandschuhen daherstolzieren, in der Hand ein Rohrstöckchen mit Elfenbeinknauf. Das Paris, das wir uns so glanzvoll ausgestattet zu durchqueren anschicken, zusammen mit der Auslese der *fashionability*, trägt die Namen Place de La Concorde, Rue Royale, Opéra Garnier, Grand Hôtel, Café de la Paix, Place Vendôme, Ritz – hier trifft sich die mondäne Welt. Zu eben dem Zweck wurden diese Orte geschaffen beziehungsweise dem damaligen Geschmack angepasst, und nun prägen sie dem Herzen von Paris für immer das Siegel distinguierter Eleganz auf.

Aus dem glanzvollen Paris erhebt sich die Place de la Concorde als »eine Apotheose weißen Lichts, in deren Mitte der Obelisk im Rosé eines Champagnersorbets aufscheint«, wie es Edmond und Jules de Goncourt 1889 in ihrem *Journal* notieren. Der auf Wunsch Ludwigs XV. gebaute Platz erstrahlt nach der Finsternis der Terrorherrschaft wieder im alten Glanz. Dabei wird er unterstützt durch das Aufkommen der »siderischen Gasbeleuchtung«, das die Zeitschrift *L'Illustration* lebhaft begrüßt. »Ich stellte fest, dass man trotz finsterer Nacht am Fuß des Obelisken Zeitung lesen konnte«, begeistert sich der Wissenschaftsautor Louis Figuier, als es 1843 auf dem Platz zu den ersten Versuchen mit elektrischer Straßenbeleuchtung kommt. Die Zeitungsausrufer sind weniger davon angetan, denn kurze Zeit später werden die Boulevards auf Betreiben Haussmanns mit beleuchteten Zeitungskiosks bestückt. Aber das Zweite Kaiserreich hat noch andere Ambitionen für das früher dicht bevölkerte Viertel. Es sieht die Rue Royale, den Boulevard de la Madeleine, den Boulevard des Capucines und den Boulevard des Italiens im Glanze tausender Lichter strahlen und »Treffpunkt des Universums, Versammlungsort aller Völker« werden: »ein kosmopolitisches Forum, das allen Sprachen offensteht, ein wunderbares Zentrum, zu dem die Wege aus den fünf Erdteilen führen«, wie der Dichter Edmond Texier 1852 schreibt. Man träumt von einem Paris voller Glanz (es wird das Paris der Belle Epoque wer-

Oben: »Der Tag einer Pariserin im 20. Jahrhundert«, Titelseite eines Katalogs des Modehauses High-Life Tailor, 1905.
Unten: die Place Vendôme und die Vendôme-Säule, Stereoskopbild, um 1905.
Ganz unten: das Treiben auf den Boulevards an der Porte Saint-Denis, Photochrom, um 1890.

Als Vignette: Gepäckaufkleber des Hotels Edouard VII.
Seiten 84/85: Ansicht der Place de l'Opéra vor dem Bau der Metro, Foto, um 1875.

Ganz oben: Place de la Bourse, Photochrom, 1890. *Oben:* am Abend in der Taverne Pousset, Boulevard Montmartre, um 1890. *Rechts:* Programm für die Revue *Danseront-ils?* (Werden sie tanzen?), eine Produktion des Sängers und Regisseurs Saint-Granier im Théâtre de la Potinière, um 1925. *Unten rechts:* Ansichtskarte von der Opéra Comique, um 1900/1910. *Vignette:* Werbung für das Restaurant Drouant, Place Gaillon.

den), mit Schaufenstern, die von Licht und Gold funkeln, Tempeln der Eleganz.

Die Einweihung der Place de l'Opéra im Jahr 1862, die Eröffnung der Oper 1875 im Quartier de la Chaussée d'Antin, die Fertigstellung des Grand Hôtel im Jahr 1860, »jenes großzügigen, prunkvollen Zufluchtsorts der Reisenden beider Hemisphären«, dienen als Zünder für dieses flammende Feuerwerk. Zu den nie da gewesenen Bauten – der Dichter Léon-Paul Fargue vergleicht das Grand Hôtel mit »einer Reise in die Stratosphäre« – kommt eine städtebauliche Entwicklung, die prächtige Häuser mit kunstvoll verzierten Balkons favorisiert. Es ist die Zeit, in der Banken, Luxushotels und Kaufhäuser die Boulevards besiedeln; die Ära, in der Juweliere – wie Boucheron 1893, Cartier 1898 und Chaumet, ehemals Nitot, 1907 – sich an der Place Vendôme niederlassen. Auf dieses noble Achteck wirft César Ritz sein Auge. Als Persönlichkeit mit unglaublichem Schicksal – der Kaiser der Luxushotellerie entstammt einer Hirtenfamilie aus dem Schweizer Wallis – eröffnet er hier ein Nobelhotel, das den Gipfel der Eleganz verkörpert und zum bevorzugten Aufenthaltsort der Crème de la Crème aller Länder wird. Die Amerikaner erfinden sogar ein neues Wort für chic: ritzy.

Nun strömen die Touristen von überall her wie Motten zum Licht, aus der Provinz wie aus dem Ausland. Von der Gare Saint-Lazare drängt sich die Welt zu den mit Holz gepflasterten großen Boulevards: »Das Englische pfeift inmitten der italienischen Harmonie, und die germanischen »Eutsch« hacken auf die französische Zungenfertigkeit ein«, schreibt Edmond Texier 1850 in seinem *Tableau de Paris*. Unter den Besuchern sind die Engländer am zahlreichsten – bis zu 25 000 im Jahr. »Unsere Freunde, die Feinde«, wie Béranger sie scherzhaft bezeichnet, versammeln sich in den Cafés, und besonders im ... Café des Anglais, wie es sich gebührt, am Boulevard des ... Italiens, Exotik muss eben sein. Die Literaten hingegen hungern nach Terrassen, nach dem Vorbild von Zola, Maupassant, Oscar Wilde, Proust und vielen anderen, die sich nirgendwo lieber aufhalten als im Café de la Paix. Eine weitere dieser Lokalitäten erringt weltweiten Ruhm: 1893 wird in der Rue Royale das berühmte Maxim's eröffnet, »in den späten Abend- und Nachtstunden, besonders nach dem Theater, Sammelplatz der Lebewelt (nur für Herren)« – so der *Baedeker Paris*. Andere Anziehungspunkte: die Kaufhäuser, die

Rechts: die Folies-Bergère in der Belle Epoque und *(oben)* Mademoiselle Dehan, die dort 1927 auftrat.
Unten: Mistinguett, die »Königin des Variétés«, und ihre Garderobiere in einer Loge – vielleicht im Théâtre des Bouffes-Parisiens, wo sie 1908 auftrat, dem Jahr, aus dem diese Stereoskopaufnahme stammt.

eine »begehrliche Menge« anlocken. Der Boulevard des Capucines, der Boulevard des Italiens und der Boulevard Haussmann bilden in der Dritten Republik ein goldenes Dreieck des Handels und lebhaften Treibens. Und während die Haute Couture gerade erst erfunden worden ist, kristallisiert sich als eine der großen Moden des 19. Jahrhunderts die Fotografie heraus. Nun strömt man auf den Boulevard des Capucines, um bei Nadar ein Porträt zu erstehen. Ebenso eilt man, bevor 1895 die erste Filmvorführung der Brüder Lumière mit dem Kinematografen im Untergeschoss des Grand Café ansteht, mit Kurt Tucholsky in die großen Varietétheater wie Casino de Paris und Folies-Bergère, und »es erhebt sich die Rampensonne über einer exotischen Szene: südasiatische Giraffen und nordafrikanische Eskimos und Schießbudenindianer, (…) die Bühne ist vollgepackt mit blühenden Frauenleibern und den herrlichsten Stoffen«. Auf den Boulevards schlagen die Herzen wie an keinem anderen Ort dieser Zeit. Der Journalist Jules Vallès gehört zu denen, die die erregten Herzschläge trefflich beschrieben haben: »Am Abend«, so notiert er 1880, »wenn das Gas entzündet wird, wenn Theater, Konzertcafés, Kaufhäuser, goldene oder ärmliche Schenken ihre Schilder und Leuchter anzünden, wenn die Fenster der großen Klubs aufflammen, wenn auf dem Pflaster die feurigen Streifen der Elektrizität wie silberne Flüsse wirken, wer wird dann vom Lichterglanz Venedigs und Leuchten des Orients sprechen!«

Links: Mademoiselle Carise tritt aus der »Frauenmuschel« heraus, Titelseite der *Bravo*, 1931.
Als Vignette: Programmheft für die Revue *Follies Cocktail*, um 1925. Produzent war Paul Derval, seit 1918 Inhaber der Folies-Bergère.

Er speiste im Maxim. Im vorderen Raum, während man im Hintergrund zu den Klängen des Orchesters tanzte. Ringsum waren alle Tische besetzt, man huldigte eifrig den Tafelfreuden. An der Bar Frauen, Stammgäste. Warum war er gerade hierher gegangen? Weil er die altmodischen, mit Blumen bestickten Faltenstores, deren Muster irgendwie an Unterröcke erinnerte, die hypermoderne Dekoration mit dem Kastanienblatt als Leitmotiv liebte. Weil er sich nach dem Lärm, dem Glanz dieser Teppiche und dieser Lichter, der Eilfertigkeit der Ober sehnte; weil er den Wunsch verspürte, sich zu beweisen, dass er zumindest dieser Gesellschaftsschicht angehörte (...), die die Atmosphäre des Theaters, des Jockey Clubs, der Polizei und des Geldes atmet, die das Pariser Leben repräsentiert.

Louis Aragon, 1944

Unten: der Eingang zum Restaurant Maxim's, Rue Royale, um 1900. Die Fassade des Maxim's wurde für die Weltausstellung 1900 neu gestaltet. Das Lokal war sieben Jahre zuvor von Maxime Gaillard gegründet worden, dem der rührige Eugène Cornuché nachfolgte. »Nie ein leerer Saal!«, sagte Letzterer. »Immer schöne Statistinnen, die man auf der Straßenseite ins Schaufenster setzt.«

Unten: Ansichtskarte und Speisekarte mit Zeichnungen von Sem, dem Karikaturisten und Stammgast im Maxim's. *Rechte Seite:* Diner bei Maxim's, 1949. Brassaï hat diese Soirée im großen Salon des Restaurants im Foto festgehalten. Arbeiter, die in den 1950er-Jahren die Sitzbänke zerlegen sollten, fanden bei der Gelegenheit, so wird erzählt, einen kleinen Schatz aus Louis d'or und Schmuckstücken. Eine Dame von Welt machte sich um die Jahrhundertwende nicht »die Mühe, sie aufzuheben, da sie genau wusste, dass sie am nächsten Tag zweimal so viele bekommen würde«.
Seiten 92/93: Ausschnitt aus einem Wandbild. Die Dekoration ist das Werk des Architekten Louis Marnez, des Malers Léon Sonnier und der Künstler der Schule von Nancy, Meistern des Jugendstils.

Oben: die Kirche La Madeleine mit der Rue Royale im Vordergrund, Photochrom, um 1890. 1763 als Barockkirche geplant, von Napoleon zur Ruhmeshalle der Armee bestimmt, wurde die Kirche 1842 im Stil eines griechischen Tempels vollendet.
Links: die Blumenboutique Lachaume, Ansichtskarte, um 1910. Jules Lachaume gründete das Geschäft 1845 in der Rue de la Chaussée-d'Antin; seit 1890 befindet es sich in der Rue Royale Nr. 10. Bei dem renommiertesten Floristen der Belle Epoque kaufte Marcel Proust täglich die Orchidee, die er sich an das Revers steckte.
Als Vignette: Speisekarte des Restaurants Larue in der Rue Royale, 1913. Im Larue war Proust ein treuer Gast. Im »etwas grellen Purpur seiner Dekoration« soupierte er häufig, oder er orderte die exquisiten Speisen in seine benachbarte Wohnung.
Rechte Seite: der Teesalon Ladurée. Das Lokal ist einer der letzten Zeugen aus Prousts »verlorener Zeit«. Es wurde 1862 von Louis Ernest Ladurée in der Rue Royale Nr. 16 gegründet, doch die Umwandlung der Konditorei in einen Teesalon ist Jeanne Souchard, seiner Gattin, zu verdanken. Anders als in ein Café konnten sich Frauen in einen Teesalon in aller Freiheit begeben. Noch immer werden die berühmten Makronen in einem Dekor serviert, das einst Jules Chéret gestaltete, den Manet den »Watteau der Straße« nannte. Chéret schuf auch den *ange Pâtissier*, einen kleinen pausbäckigen Engel, der später zum Emblem des Hauses wurde.

In der Nummer 7 bis 9 (der Rue Duphot) befindet sich das Restaurant Prunier. Wegen seiner Austern, Muscheln und Seefische ist es sehr bekannt. (...) 1878 überredete ein Amerikaner den Inhaber, die erste Austernsuppe und das erste Dutzend gebratene Austern zu servieren. Es war eine Offenbarung. (...) Heute steht das Haus den bestsortierten Fischrestaurants von New York und London in nichts nach, nicht zu reden von alldem, was die Pariser Küche den Feinschmeckern bietet. (...) Es ist ein Stück Amerika, mitten in Paris. Bei Prunier kostet der reisende Gourmet seine ersten Burgunderschnecken und trinkt dazu einen Weißwein aus Pouilly oder Châblis. Hier hat sich das Haus einen soliden Ruf errungen, denn der Weinkeller ist von erster Wahl. (...) Das Restaurant bietet einen liebenswürdigen Empfang. Es ist der Treffpunkt der Pariser und Fremden, die eine exzellente Küche lieben, welche in guter Gesellschaft auf angenehme Weise genossen wird. Fügen wir noch hinzu, was seinen Preis hat, nämlich dass eine Dame sehr gut allein hier ihre Mittags- oder Abendmahlzeit einnehmen kann, ohne im Geringsten befürchten zu müssen, von Nachbarn belästigt zu werden.

La Ville Lumière, 1909

Links: das Notenbüchlein für eine Polka, die der Komponist Albert Petit zu Ehren des Spielwarenladens Le Nain Bleu (Der blaue Zwerg) seiner Tochter Blanche widmete (1861). »Le Nain Bleu! Kein Pariser, bei dem dieser Name nicht Erinnerungen an ungetrübte Kindertage wachruft«, liest man in *La Ville Lumière*. Das Geschäft wurde 1836 am Boulevard des Capucines aus der Taufe gehoben.
Links: Lieferwagen des Nain Bleu, 1928. Das Spielwarengeschäft, das nach dem bekannten Kartenbrettspiel »Blauer Zwerg« benannt ist, zog erst in die Rue Saint-Honoré, dann an den Boulevard Malesherbes.
Rechts und rechte Seite: die Toiletten bei Prunier (später Goumard), Rue Duphot, 1900 und heute. Louis Majorelle schuf 1904 das Jugendstil-Interieur des Restaurants – und seiner Toiletten, die heute unter Denkmalschutz stehen. Die Außenfenster des Restaurants bestehen aus Mattglas, einem Werk des Glaskünstlers Auguste Labouret; die Lampen stammen von dem Art-déco-Künstler Lalique. Das auf Fisch und Meeresfrüchte spezialisierte Lokal wurde 1872 von Alfred und Catherine Prunier eröffnet. 1900 wurden dort über sechs Millionen Austern jährlich verzehrt. Wenn sie beim Rennen gewonnen hatten, aßen Ernest und Hadley Hemingway hier *crabe mexicain* und tranken Sancerre dazu. Die *clams chowder* (Venusmuschelsuppe) war eine Offenbarung, ebenso das Steak Boston (Steak mit heißen Austern).
Als Faksimile: Speisekarte des Restaurants Maison Prunier (Avenue Victor-Hugo), mit Illustrationen von Sem, Juli/August 1935.

VILLE
Juillet-Août 1935
Salaisons, Fumaisons
Anchois de Collioure au sel . le kilo 16 »
Anchois de Norvège . . . le baril 11
Anguille fumée de Hollande.
Saumon fumé Angla
Saumon fumé Hol
Sandwich de Pout
Poutargue . .
Cons
Sardines Tertrais 1 8
Sardines Pascal Elissa
Filets de Thon Pascal
Thon Bouvais Flon 1/4
Filets d'Anchois Pascal E
Pâte d'Anchois Escoffier
Paprika
Tomato Catsup . . 8 once
Tabasco
Léa Perrins
Chair Tortue sèche
Chair Tortue, la boîte 4/4 85 » ;
Foie gras . . . la boîte
Pâté de Lapereau . . —
Pâté de Lièvre . . —
Av. Victor-Hugo
t de la mer "
0 210
Téléphone : HUITR
Passy 01 4
HUITRES
PRUNIER
9 Rue Duphot
SEM
IMP. J. ACKER & Cie PARIS

In meiner Kindheit, wenn ich meine Grosstante besuchen ging, die Prinzessin Elise, die in der Rue Duphot gegenüber dem »Aux Trois Quartiers« wohnte, (...) betrachtete ich mein Gegenüber, das Kaufhaus, über und über glänzend vor Licht. In der Vorweihnachtszeit hatte das Gebäude etwas Überirdisches: Es war, im Nebel, ein riesiges Schiff aus Helligkeit, eine Art heiliger Arche, die all meine Sehnsüchte in sich trug. Meine Mutter wohnte in ihrer Jugend an der Place de la Madeleine und hatte wie alle echten Pariser die Bindung an ihr altes Viertel nie aufgegeben. Sie kam hierher, um ihre »Einkäufe zu machen«, geheimnisvolle Worte, die mich auf die rasche Erfüllung meiner Wünsche hoffen ließen.

Prinzessin Marthe Bibesco, 1929

Oben Rechts: die Madeleine, Photochrom, um 1890.
Linke Seite: das Kirchenschiff und der Chor der Madeleine, Photochrom, um 1890. Hat man das bronzene Hauptportal durchschritten, das größte und schwerste von Paris, gelangt man in den »in ein anderes Land versetzten griechischen Tempel«, wie es Edmond Texier in *Le Tableau de Paris* (1851) ausdrückt. Die 1842 geweihte Kirche ist ein wahres Museum der religiösen Bildhauerei aus der Zeit von Louis-Philippe.
Oben: die Fassade des Kaufhauses Aux Trois Quartiers, 1929. »Meine erste Liebe, meine Puppen, meine Bücher und selbst die Götter meiner Kindheit kamen aus dem ›Aux Trois Quartiers‹ zu mir«, schrieb die Prinzessin Bibesco in ihrem Vorwort zum Buch anlässlich des 100-jährigen Geschäftsjubiläums 1929.
Als Vignette: Aufkleber von Hédiard. Das Feinkostgeschäft wurde 1854 von Ferdinand Hédiard an der Place de la Madeleine eröffnet. Paris entdeckte dort die exotischen Früchte und Lebensmittel.

Oben: Speisekarte des Restaurants Lucas Carton, Place de la Madeleine, um 1925. Dieses Restaurant – die ehemalige Taverne Anglaise – wurde von Robert Lucas gegründet und 1925 von Francis Carton übernommen. Es heißt, dass Paul Bocuse, der dort 1950 tätig war, in den Tuilerien Spatzen fangen ging und sie dann in der Küche freiließ, allein um den Chefkoch Gaston Richard zu ärgern!

Abe North war noch immer in der Ritz-Bar, wo er sich seit neun Uhr morgens aufgehalten hatte. Als er hier Zuflucht gefunden hatte, waren die Fenster offengestanden, und breite Sonnenstrahlen hatten geschäftig den Staub aus rauchigen Teppichen und Kissen hervorgezogen. Pagen liefen durch die Gänge, losgelassen und körperlos, sich für einen Augenblick im leeren Raum bewegend. Die Sitzbar für die Damen, der eigentlichen Bar gegenüber, schien sehr klein – es war nur schwer vorstellbar, welche Menschenmassen sie nachmittags aufnehmen konnte. Der berühmte Paul, der Pächter, war noch nicht eingetroffen, aber Claude, der die Vorräte prüfte, unterbrach ohne besonderes Erstaunen seine Arbeit, um Abe einen Pick-me-up zu mixen. Abe setzte sich auf eine Bank an der Wand. Nach zwei Drinks fühlte er sich langsam besser – so viel besser, dass er zum Barbier hinaufging und sich rasieren ließ.

Francis Scott Fitzgerald, 1934

Oben: die Bar des Ritz, Place Vendôme, um 1930. Zu jener Zeit gehörte sie zu den wenigen Orten dieser Art, wo Frauen zugelassen waren.
Rechts: Etagenboy des Ritz, um 1930. Das legendäre Luxushotel hatte unzählige berühmte Gäste und war Kulisse des Films *Wie klaut man eine Million* mit Audrey Hepburn und Peter O'Toole.
Rechte Seite: Erinnerung an das Ritz mit einem Album von 1898, einem Gepäckaufkleber und Notizen, die ein Gast auf das Blatt mit dem Briefkopf des Hotels gekritzelt hat. Als »Treffpunkt der Pariser und ausländischen Elite«, wie eine Werbung von 1901 sagt, stellte das Grandhotel den Gipfel der Eleganz dar. Was damals eine Seltenheit war: »Zu jedem Schlafzimmer gehört ein Badezimmer.«
Seiten 100/101, Links: einer der Räume des Juweliers Chaumet. Das Gebäude steht seit 1927 unter Denkmalschutz. Das berühmte Geschäft befindet sich seit 1907 an der Place Vendôme, Nummer 12; 1780 wurde es von Marie-Etienne Nitot gegründet und 1885 von Joseph Chaumet übernommen. In dem achteckigen Schatzkästchen, das der Platz darstellt, führen Generationen von Goldschmieden die hohe französische Juwelierkunst fort, die nie vergeht und immer wieder Neues schafft.
Rechts: die Place Vendôme, fotografiert von Roger Schall, um 1940.

HOTEL RITZ
Hotel Ritz
Place Vendôme
Paris.
HOTEL RITZ
ADRESSE TÉLÉGRAPHIQUE
RITZOTEL-PARIS
PARIS
RITZ
HOTEL
Z
ENDOME
PARIS

OPÉRA

PLACE VENDÔME

Jeden Nachmittag ist die Rue de la Paix voll – sogar verstopft – mit prunkvollen Equipagen. Die Fußgänger sind auf der Hut, die Chauffeure diskutieren, während sie auf ihre Herrschaften warten, Schwärme von Frauen drängen sich an der Tür der Modeschöpfer. (...) In der Rue de la Paix werden der Adel, die beliebten Schauspielerinnen und alles, was die Welt an Reichen und Mächtigen zählt, gleich behandelt: je nach dem Inhalt ihrer kostbaren Börse. Keine andere Garantie wird gefordert. Aber man hat nicht die allergeringste Chance, in das Heiligtum einzudringen, wenn man diesen Trumpf nicht besitzt: Versuchen Sie erst gar nicht, sich dorthin vorzuwagen!

Frankfort Sommerville, 1913

Oben: Panoramaansicht der Place Vendôme, 1870er-Jahre. Die Schaufenster der großen Juweliere verschafften dem Platz seinen weltweiten Ruhm. Die »schönste Frau des Jahrhunderts«, die Gräfin von Castiglione, lebte dort hingegen völlig zurückgezogen in ihrem Palais, bis sie 1899 starb.
Rechts: Gepäckaufkleber des Hotels Vendôme. Das Luxushotel (ehemals Bristol), das in der Hausnummer eins im ehemaligen Stadtpalais der Familie Vendôme eingerichtet wurde, hat von diesem die Pfeiler mit vergoldeten Kapitellen, Intarsienarbeiten aus Edelholz und mehrfarbige Marmorvertäfelungen geerbt. König Edward VII. stieg hier ab.
Linke Seite: die Rue de la Paix, Stereoskopbild, um 1911.
Als Vignette: Gepäckaufkleber des Hotels Westminster. Das Haus hatte den Namen und das Wappen des Herzogs von Westminster übernommen. Mitte des 19. Jahrhunderts gehörte er zu den Stammgästen.

Links: Harry's Bar, 1947. Cocktails wie Bloody Mary, Blue Lagoon und Side Car wurden hier kreiert. In der 1911 eröffneten Bar waren Scott Fitzgerald und Hemingway häufig zu erblicken. 1928 spielte George Gershwin im Untergeschoss *Ein Amerikaner in Paris* auf dem Piano, zum Missvergnügen der Gäste.
Seiten 106/107: Harry's Bar heute. 1924 ließ der Inhaber Harry McElhone eine Werbebeilage zum *Herald Tribune* drucken, um die englischsprachigen Touristen in Harry's New York Bar zu locken: »Just tell the taxi driver: *Sank roo doe noo* and get ready for the worst« (»Sagen Sie einfach zum Taxifahrer: *5, Rue Daunou*, und machen Sie sich auf das Schlimmste gefasst«). Die Ausstattung des Harry's, der ältesten Cocktailbar Europas, stammt aus einer Bar in Manhattan, die wegen der Prohibition geschlossen und in Paris wiederaufgebaut wurde. So ist die Mahagonitäfelung wahrhaft historisch.

CLEVELAND STATE
Ole Miss
LEBANON VALLEY
ORIEL

FLORIDA
STATE
PRINCETON
DARTMOUTH
Melbourne
WALL DRUG
LEEDS UNIVERSITY
DULWICH

THEATRE ATHENEE
Coupon N° 23 du Carnet
LE PASSE-PARTOUT DE L'EXPOSITION
Ce BON donne droit à la réduction de
sur les prix d'entrée au Théâtre
L'ATHÉNÉE
RUE BOUDREAU, près de l'Opéra.
Représentations tous les soirs à 8 heures
LE THÉÂT
programme
THÉATRES

Wie könnte ein Franzose ein Gespenst sein, oder gar, wie könnten in Paris Gespenster existieren! In Paris, im Foyer der europäischen Gesellschaft! Zwischen zwölf und ein Uhr, der Stunde, die nun einmal von jeher den Gespenstern zum Spuken angewiesen ist, rauscht noch das lebendigste Leben in den Gassen von Paris, in der Oper klingt eben dann das brausendste Finale, aus den Varietés und dem Gymnase strömen die heitersten Gruppen, und das wimmelt und tänzelt und lacht und schäkert auf den Boulevards, und man geht in die Soiree. Wie müsste sich ein armes spukendes Gespenst unglücklich fühlen in dieser heiteren Menschenbewegung!

Heinrich Heine, 1836

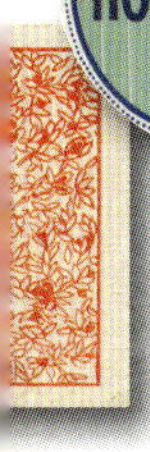

Linke Seite: »Vor dem Theater«, Foto, April 1931; eine Blanko-Eintrittskarte und ein Gutschein für den Preisnachlass, den die Besucher der Weltausstellung 1900 im Théâtre de l'Athénée erhielten. Das Athénée, von 1934 bis 1951 unter der Leitung Louis Jouvets, ist 1896 an der heutigen Stelle eröffnet worden. Die Damen hatten nur dann Zugang zum Parkett und zum Balkon, wenn sie ihre überdimensionierten Hüte abnahmen!
Rundes Bild: Gepäckaufkleber des Hôtel des Etrangers. *Stanford's Paris Guide* von 1858 empfahl das Haus den britischen Touristen.
Rechts: das Olympia, um 1900. Das Olympia war 1893 das erste Varietétheater am Boulevard des Capucines und wurde 1929 in ein Kino umgewandelt. Nach dem Zweiten Weltkrieg als Music Hall wiederhergestellt, ist es heute nationales Kulturerbe.
Unten: Deckel einer Schachtel aus dem Warenhaus Old England, 1920er-Jahre. Das Haus wurde 1867 von Alexandre Henriquet gegründet; er war Einkäufer im Kaufhaus Au Bon Marché, das auf die damals herrschende Englandbegeisterung setzte.
Seiten 110/111: das Café de la Paix um 1950 und heute. »Why not Notre-Dame?«, sagte ein Offizier der Civil Affairs, dem man vorschlug, bei der Befreiung das Café de la Paix für die amerikanischen Soldaten zu beschlagnahmen. In dem 1862 eröffneten Café du Grand Hôtel (später das Café de la Paix) waren reiche Ausländer zu Gast, die im dazugehörigen Hotel logierten; man konnte dort die Zeitungen aus der ganzen Welt lesen.

Mit den prachtvollen Läden, den von Licht und Gold funkelnden Schaufenstern, in denen sich alle Eleganz, aller unverzichtbare Überfluss des modernen Lebens anhäuft, ist dies der klassische Spazierweg der Müßiggänger und Ausländer. Das Grand Hôtel ist eine eigene Welt. Der großzügige, prunkvolle Zufluchtsort der Reisenden beider Hemisphären bildet eine kleine Insel zwischen den Boulevards, der Place de l'Opéra, der Rue Auber und der Rue Scribe. Die Rue Scribe, an deren Ecke sich der Jockey Club und das Grand Café befinden, der Rivale des Café de la Paix, ist zum Mittelpunkt des amerikanischen Viertels von Paris geworden.

Edmond de Saulnat, 1877

Oben: der Wintergarten im Grand Hôtel. Als letztes großes Werk des Architekten Alfred Armand wurde das Gebäude 1862 von Kaiserin Eugénie eingeweiht: »Das Grand Hôtel erregte Aufsehen«, erinnert sich Léon-Paul Fargue. »Die Repräsentanten des Dandytums im Zweiten Kaiserreich flüsterten sich in den Salons zu: ›Haben Sie den Hof des Grand Hôtel de la Paix besichtigt? Haben Sie Gelegenheit gehabt, in dem runden Speisesaal zu soupieren?‹ So spricht man heute von einem Rundflug im Zeppelin. (…) Jede Zeit hat ihre Sensationen.«
Oben: Informationszettel der Direktion des Grand Hôtel für die Gäste. »Stellen Sie sich einen Reisenden vor, der am nächsten Morgen abreisen muss«, liest man in *L'Illustration*. »Er erinnert sich, dass er einer Person in Paris eine Porträtaufnahme von ihm schuldig geblieben ist. Es wäre an jedem anderen Ort zu spät, aber wir sind im Grand Hôtel. (…) Ein Fingerdruck auf einen elektrischen Knopf, und der Nachtfotograf erscheint.«
Als Vignette: Spielmarken des Café de la Paix (das Lokal hatte sein eigenes Geld!).
Oben: ein Gepäckaufkleber.
Rechte Seite: das Café de la Paix in den 1930er-Jahren.
Als Faksimile: Weinkarte des Café de la Paix am 31. Dezember 1904.
Seiten 114/115: der Festsaal des Grand Hôtel heute.

Dignimont

VINS ROUGES DE BORDEAUX

		La Bout.
Médoc		2 50
Saint-Estèphe		3 »
Saint-Emilion		4 »
Saint-Julien		5 »
Margaux		5 »
Château-Citran		6 »
Saint-Pierre Saint-Julien		6 »
Brane-Cantenac	1888	6 »
Pontet-Canet	1878	8 »
Duhart-Milon*	1888	8 »
Smith-Haut-Lafite	1878	8 »
Château-Lagrange	1878	10 »
Latour-Carnet	1878	10 »
Château-Beychevelle	1878	10 »
Château-Giscours	1878	12 »
Château Palmer	1878	10 »
Haut-Brion La Mission	1884	12 »
Pichon-Longueville	1878	15 »
Château-Léoville	1878	15 »
Château-Rauzan Segla	1878	15 »
Cos d'Estournel	1878	15 »
Gruaud-Laroze	1878	15 »
Mouton-Rothschild	1875	20 »
Château-Lafite*	1871	25 »
Mouton-Rothschild*	1870	25 »

Ces Vins n'existent pas en demi-bouteille

VINS ROUGES DE BORDEAUX

GRANDS VINS RECOMMANDÉS

Millésime et mise en bouteilles du Château

		La Bout.
Château-d'Issan	1896	10 »
Château-Lafite	1896	12 »
Château-Margaux	1896	12 »
Château-Cheval-Blanc	1895	12 »
Château-Lafite	1895	15 »
Mouton-Rothschild	1880	20 »
Château-Latour	1878	25 »
Château-Lafite	1878	25 »
Mouton-Rothschild *	1877	25 »
Château-Margaux *	1877	25 »
Château-Lafite	1877	25 »
Château-Duluc-Ducru	1875	25 »
Pichon-Longueville *	1875	25 »
Château-Lafite	1875	30 »
Cos d'Estournel	1870	25 »
Château-Duluc	1870	30 »
Château-Margaux	1860	40 »

COTES DU RHONE

ROUGES	La Bout
Tavel *	5 »
Château-Neuf-du-Pape *	8 »
Côte-Rôtie *	10 »
Hermitage	10 »
BLANCS	
Saint-Péray sec *	8 »
Saint-Péray mousseux *	8 »
Hermitage	10 »
Hermitage Paille*	15 »

VINS BLANCS DE BORDEAUX

		La Bout
Graves		2 50
Graves supérieur		3 50
Cérons		4 »
Barsac		5 »
Preignac		5 »
Sauternes		6 »
Château-Carbonnieux		6 »
Haut-Sauternes		8 »
Château-Filhot		10 »
Château-Myrat		10 »
Château-d'Arche		12 »
Château-Guiraud		12 »
Château-Coutet		12 »

Millésime et mise en bouteilles du Château

Château-Rieussec	1895	10 »
Château-Yquem	1896	15 »
Château-Yquem	1892	15 »
Château Latour-Blanche	1875	20 »
Château-Guiraud	1874	25 »
Château-Latour-Blanche	1870	20 »
Château-Rolland	1870	20 »
Château-d'Arche	1868	20 »
Château-Coutet	1868	25 »
Château-Coutet	1861	25 »
Château-Vigneau	1874	30 »
Château-Yquem	1870	25 »
Château-Yquem Crème de Tête*	1871	40 »
Château-Latour-Blanche	1869	40 »
Château-Yquem 1869 La demi-Bout.		25 »
Château-Yquem	1861	60 »

Les Vins marqués d'un astérisque existent en demi-bouteille

VINS pour la V

MARIGNY
LA PETITE BONNE
D'ABRAHAM
CASSIVE
avec
G. MILTON
et
DOUDART

Oben: das Foyer der Oper. Mit dem Bau der Oper wurde 1861 begonnen, 1875 hob sich erstmals der Vorhang. »Die Menge füllte all die herrlichen Räume des Bauwerks, und man hörte aus allen Mündern Schreie der Bewunderung«, berichtet die Zeitung *L'Entracte* in ihrer Ausgabe vom nächsten Tag. Charles Garnier war erst 35 Jahre alt, als Napoleon III. ihn beauftragte, die Kaiserliche Musikakademie zu bauen. Gottfried Benn sah 1924/25 Wagners *Götterdämmerung* und *Walküre* und kam zu dem Schluss, »dass die stundenlang monologisierenden Germanen und Germaninnen mit ihren ungeklärten sexuellen Auswirkungen von Natur aus zwischen Rue Pigalle und Lafayette keinen rechten Schick haben«.
Rechts: die große Treppe in der Oper, ein Ort gesellschaftlicher Repräsentation, Photochrom, um 1890.
Rechte Seite: das Tanzfoyer hinter den Opernkulissen, 1935. Zur Zeit von Degas begegneten mittellose Tänzerinnen hier reichen Herren, die ihre »Protektoren« wurden.
Seiten 118/119: auf dem Dach der Oper, 1890er-Jahre. Der Bildhauer »hat das Dach der Oper für eine Pferderennbahn gehalten«, behaupteten böse Zungen ...

Während des Karnevals kam die Schickeria der Hauptstadt, um den Nächten in der Oper beizuwohnen. Der schöne Saal wurde von 60 mit Kerzen bestückten Leuchtern erhellt, die sich im Kristall wie in einem Gitternetz spiegelten. Die Logen, die mit Festons, Gaze, Gold und Silber geschmückten Galerien, die spiegelbedeckten Wände boten den Zuschauern ein bewegtes Bild, ein fantastisches Fest voller Farbe und Originalität. Es traten spanische Tänzerinnen auf, die den Bolero, den Zapateado mit überraschender Kraft und zugleich Geschmeidigkeit tanzten. Im Gegensatz dazu wurden die anmutigen Tänze aus Aschenbrödel gezeigt, getanzt von den Damen der Oper; dann gab man das Signal für die berühmte Quadrille, wie seit Franz I. bis heute üblich.

Octave Uzanne, 1898

An der Trinité beginnt das Schöne. (...) Oh! Es glänzt am Ende der Chaussée d'Antin, es glänzt. Und wie viele Leute! Nicht wie in der verlassenen Gegend an der Avenue Trudaine. Man wird sich bis zum Boulevard Haussmann drängen. Noch schöner ist es von der anderen Seite. Oh! die gläsernen Läden! Große Laternen. Und was es da alles zu kaufen gibt! Hüte und Badewannen, Pelze und Skier! Siehst du, über der Straße, den Regenbogen ... Georget hat es gesagt; es ist ein Kino in Farbe, blau, gelb, rosa, grün. Es stellt den Weihnachtsmann dar. Der Alte hat einen weißen Bart und eine Mütze voller Diamanten. Da gibt's ein Dorf, Häuser mit Dächern, auch Schnee. Er hat vielleicht Spielsachen in seinem Sack, der Alte! Roller und Flugzeuge! Es leuchtet auf, es wird dunkel und geht wieder weg.

Alexandre Arnoux, 1939

Oben: der Lesesaal in den Galeries Lafayette, Innenausstattung von Cappiello, Ansichtskarte, 1912. Im Jahr 1893 steht der Name nur für eine Kurzwarenhandlung, die Théophile Bader und Alphonse Kahn an der Ecke der Rue La Fayette und der Chaussée d'Antin eröffneten. Später vergrößert sich das Geschäft bis zum Boulevard Haussmann, am Ende ist es ein Kaufhaus mit fünf Stockwerken. 1907 beschäftigt es 750 Angestellte. 96 Abteilungen mit einer bemerkenswerten Warenvielfalt, dazu ein Teesalon, ein Lesesaal, eine Bibliothek, ein Rauchsalon und ein Friseursalon bringen die Pariser zum Staunen. Der prächtige Jugendstilbau ist von einer farbigen Glaskuppel gekrönt. Am höchsten Punkt des Gebäudes bietet eine Terrasse einen wunderbaren Blick über Paris.
Rechts: ein Aufzug *(oben)* und *(unten)* die Schuhabteilung, um 1910.
Als Vignette: Werbekarte, 1910.
Rechte Seite: das Glasdach im Kaufhaus Printemps Haussmann, um 1910. 1865 eröffnet und zweimal vom Feuer zerstört, ist das Printemps, auch »Kathedrale des Kommerzes« genannt, ein charakteristisches Pariser Beispiel für Bauten aus Eisen, Glas und Stein. 1872 wurde der Versandhandel erfunden, Kunden aus ganz Frankreich konnten die Waren nach Katalog bestellen.
Seiten 122/123: die Menge vor dem Printemps, 1890er-Jahre. Die großen Kaufhäuser sind die erste Adresse für Galanteriewaren – aus gutem Grund heißen diese auf Französisch »articles de Paris«!

PRINTEMPS
M DCCC LXV
JULIEN
ARRET

Gds MAGAS
M DCCC LXXXII

Links: die Kirche La Trinité, Ansicht des Treppenaufgangs, der die Brunnen und Wasserbecken des Parks umrahmt, um 1925. Die von 1861 bis 1867 im Stil der Spätrenaissance erbaute Kirche sollte Mittelpunkt eines städtebaulichen Ensembles sein. Sie ist eng mit dem bürgerlichen Viertel Chaussée d'Antin verknüpft, das damals in starkem Wandel begriffen war. Die Zahl Drei, die Zahl der Dreieinigkeit, bestimmt die Gestaltung des unteren Teils: Vor dem dreiteiligen Portal stehen drei Brunnen mit dreiteiligen Becken, geschmückt mit den Statuen der drei göttlichen Tugenden Glaube, Hoffnung und Liebe. Vor dem Bau der Kirche stand an ihrem Platz ein Kabarett namens *La Grande Pinte*. *Oben und rechte Seite:* Illustrationen und Titelseite eines Programms des Théâtre Mogador für das Stück *Violettes impériales*, Anfang der 1950er-Jahre. Das Theater wurde 1919 mit der Revue *Hallo Paris* eröffnet. Alfred Butt, ein englischer Impresario, hatte es für seine Geliebte gebaut, die Tänzerin Régine Flory. Schnell war es das erfolgreichste Operettentheater von Paris.

bal aux Tuileries

A Ball at the Tuileries

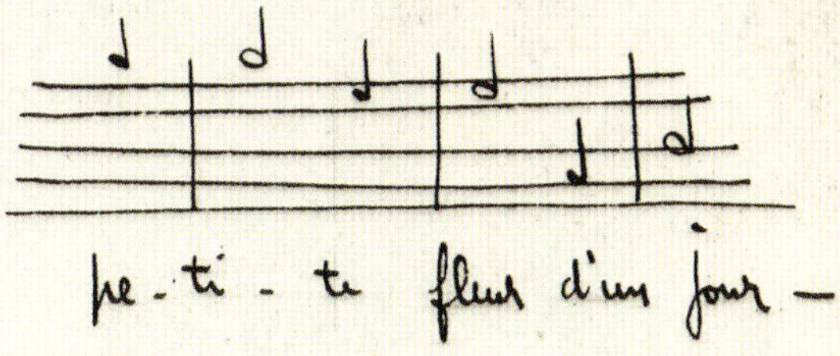

L'Impératrice
RAYMONDE
ALLAIN

Violettes impériales, eine Operette in zwei Akten und 17 Bildern, hatte am 31. Januar 1948 im Mogador Premiere; auch die Chansonsängerin Barbara gehörte zur Besetzung. Das von Vincent Scotto vertonte Melodram rankt sich um eine kleine Veilchenverkäuferin und kam fast 1 500-mal zur Aufführung!

Abe sollte um elf von der Gare Saint-Lazare abfahren – er stand allein unter der schmutzigen Glaskuppel, diesem Überrest aus den Siebziger-Jahren, der Ära des Kristallpalasts (...). Neu aussehende Gepäckstücke kamen an ihm vorbei (...). In der Nähe verabschiedeten sich ein paar Amerikaner, mit Stimmen, die sich anhörten, als ob Wasser in eine große alte Badewanne liefe. Wie sie so, Paris im Rücken, im Bahnhof standen, schien es, als beugten sie sich stellvertretend schon ein wenig über den Ozean (...). Also strömten die wohlhabenden Amerikaner durch die Bahnhofshalle auf die Bahnsteige.

Francis Scott Fitzgerald, 1934

Oben: das Jugendstilinterieur der Brasserie Mollard. Ihre Gründer, die 1865 mit dem Pferdekarren von Savoyen nach Paris gekommen waren, eröffneten gegenüber der Gare Saint-Lazare ein Bistro, das innerhalb von 30 Jahren zu einem der schönsten Lokale der Hauptstadt avancierte. Edouard Niermans koordinierte die Bauarbeiten, entwarf das Mobiliar, die Lampen, die Mosaiken. Von 1894 bis 1902 stattete Niermans über 17 Luxusrestaurants aus. Bis auf Mollard und Angelina sind sie heute alle verschwunden.

Oben rechts: das Vestibül des Grand Hôtel Terminus (heute Concorde Saint-Lazare), um 1930. Das Hotel, das vor der Hauptfassade des Bahnhofs steht, nahm die illustren Besucher der Weltausstellung 1889 auf. Ein Übergang verband es mit dem Wartesaal.

Als Vignette: Gepäckaufkleber.

Rechte Seite: der Billardsaal im Hotel Terminus Saint-Lazare. »Das Billardspiel ist in Paris so beliebt, dass die kleinsten Cafés oder Schenken einen und oft auch mehrere Tische besitzen, manchmal bis zu 20«, präzisiert ein *Guide Joanne* Anfang des 20. Jahrhunderts.

Seiten 128/129: die Gare Saint-Lazare, der älteste Bahnhof von Paris, Stereoskopbild, 1905. Das heutige Gebäude, ebenfalls im Hinblick auf die Weltausstellung 1889 errichtet, ersetzt die Vorgängerbauten, die Nachfahren des 1837 zur Eröffnung der ersten Eisenbahnlinie Paris-Saint-Germain-en-Laye eingeweihten Bahnsteigs. 1867 wurden in Saint-Lazare rund 25 Millionen Reisende abgefertigt!

G. CARO
Défense de

Das Paradies liegt im Keller, in der Tiefe. Aber es ist so günstig platziert, dass es beinahe meiner Vorstellung vom siebenten Himmel entspricht. Es ist ein unterirdisches Paradies. (...) Zu beiden Seiten der Treppe, die zum Paradies hinunterführt, mit glatten Sünden gepflastert, aber auch mit einem Geländer versehen, befinden sich Spiegelwände, die das Blau kleiner Glühlampen etwas heller widerstrahlen. Es entsteht eine Atmosphäre aus Rauch, Morgen und Traum. Es entsteht eine ganz fremde Farbe, sehr verschieden von allen bekannten. Infolgedessen erlischt das Bewusstsein von der Zeit. Man erinnert sich nur, dass es Mitternacht war, als das Tor des Paradieses aufging und ehe man seiner Verdammnis anheimfiel.

Joseph Roth, 1926

Oben: ein Programmheft des Casino de Paris, um 1900. 1880 entstand diese Bühne, auf der Mistinguett, Joséphine Baker, Maurice Chevalier, Tino Rossi und so viele andere auftraten. Zwischen den beiden Weltkriegen erzielten die Revuen des Casino de Paris so große Erfolge, dass sie über zwei Jahre auf dem Spielplan blieben.
Links: Fassade des Casino de Paris, Rue de Clichy, 1900.
Als Vignette: Gepäckaufkleber des Hôtel du Casino.
Rechte Seite: Mistinguett 1924 im Casino de Paris. »Je suis la môme du Casino. Oh! Oh!, fraîche comme un coquelicot!« (»Ich bin das Kind des Casino. Oh! Oh!, frisch wie der Mohn so rot«), sang die Schauspielerin, die 1918 in diesem Saal debütierte.
Seite 132: der Treppenaufgang zum Musée de la Vie Romantique (Museum des romantischen Lebens), Rue Chaptal. »Durch eine Allee ging man in einen Hof, der von zwei Ateliers, einem Pferdestall und einem Schuppen umsäumt war. In der Mitte die von einer Zeder beschattete Villa; zwei kleine Gärten heiterten das Ensemble auf.« So beschrieb Marthe Kolb 1937 das Haus des niederländischen Malers Ary Scheffer, wo in den 1830er-Jahren die Köpfe der Romantik verkehrten: George Sand, Chopin, Delacroix, Rossini, Dickens, Liszt. Die Siedlung an den Hängen des Viertels Saint-Georges, wo sich zahlreiche Schriftsteller, Schauspieler, Musiker und Maler niederließen, erhielt 1823 von dem Journalisten Dureau de la Malle den Namen »La Nouvelle Athènes« (Neues Athen) – eine Anspielung auf die damals herrschende Begeisterung für die Griechen.
Seite 133: die Treppe zum Atelier von Gustave Moreau, Rue de La Rochefoucauld. Am Ende seines Lebens wandelte der Maler selbst sein Atelierhaus in ein Museum um, das 1903 seine Türen öffnete. Es versammelt 6000 Gemälde und Zeichnungen des unbestrittenen Meisters des französischen Symbolismus.

RUSSO-ASIATIQUE
HOTEL
FOLIES
BERGERE
AK

Es gibt in Paris eine schöne Stunde: Das ist die Stunde, die der Abendmahlzeit vorausgeht. Paris hat seinen Tageslauf beendet und spaziert mit gelöster Miene, in fröhlichem Schritt die Boulevards entlang. Keine Geschäfte mehr! Man geht nicht mehr mit einem Händedruck seiner Wege, und die Freunde sprechen miteinander. Von allen Cafétischen steigt ein alkoholischer Geruch in die Luft, ein Duft von Absinth, dazu der Lärm und das Lachen der Leute, die sich über die Neuigkeiten des Morgens oder die Vergnügungen des Abends austauschen. Man liest die Zeitung vom nächsten Tag. Das ist die Stunde, in der die Pariserin auf dem Nachhauseweg vorbeigeht, die Stunde, in der man, wenn es warm ist, die Kriegsinvaliden sich am Eingang der Passagen mit ihrem Dreispitz Kühlung zufächeln sieht.

Edmond und Jules de Goncourt, 1876

Linke Seite: der Verkehr auf dem Boulevard des Italiens *(oben)* und eine Caféterrasse an den Großen Boulevards, um 1910. »Von ganz Paris ist der pariserischste Ort der Boulevard, und der pariserischste aller Boulevards ist der Boulevard des Italiens«, behauptet Alfred Nettement 1862.
Oben: Programmheft des Théâtre des Varietés, 1909. Das älteste Pariser Boulevardtheater, 1807 von der Schauspielerin Marguerite Brunet, genannt »La Montansier«, gegründet, war Uraufführungsort vieler Offenbach-Operetten.
Oben rechts: die Säulenhalle im Musée Grévin heute. Arthur Meyer, der Herausgeber der Tageszeitung *Le Gaulois*, hatte den Wunsch, »dass Persönlichkeiten, die in seiner Zeitung Schlagzeilen machten, mit dem Finger berührt werden könnten«. Der Bildhauer und Karikaturist Alfred Grévin fertigte daraufhin Wachsfiguren an. Seit es 1882 die Tore öffnete, hat das Museum durchschlagenden Erfolg.
Rechts: die Pointe Drouot (1925) an der Ecke Boulevard Haussmann und Boulevard des Italiens, auch *carrefour des écrasés* (Kreuzung der Überfahrenen) genannt. An dem für seine Unfallträchtigkeit berüchtigten Ort wurde 1912 ein »Signalkiosk« aufgestellt, der Vorfahr unserer Ampelanlagen.

Seiten 136/137: der Palais des Mirages (Spiegelpalast). Dieser Saal im Musée Grévin wurde nach dem Palais des Illusions gestaltet, einer der Hauptattraktionen der Weltausstellung 1900.

DIE GROSSEN PARISER REVUEN SIND SO: Wenn der Vorhang aufgeht, steht da ein Chor Matrosinnen oder Briefträgerinnen oder Chauffeurinnen und singt, was noch nie ein Mensch verstanden hat. Hierauf betritt der zweite Held und die zweite Diva tänzelnd die Szene, (...) die Bühne wird dunkel, und es erhebt sich die Rampensonne über einer exotischen Szene (...) – auch Geschichte ist sehr beliebt: Wenn unten im Orchester die Tschinellen zischen, dann kann man darauf schwören, dass nunmehr die Opferbecken feierlich vor sich hinqualmen werden und dass der grausame Perserfürst die Lieblingssultanine zum Opfertode bestimmen wird, mit geschminkter Augenbraue. Die Musik wird bewegter, (...) der Star oder die Starin tritt auf, die Bühne ist vollgepackt mit blühenden Frauenleibern und den herrlichsten Stoffen (Haare apart und Bouletten apart!) – und in einem fröhlichen Schlussgeschrei endet dieses Stück repräsentativer Theaterkunst. Casino de Paris, Folies-Bergère, Concert Mayol, Gott segne euch!

Kurt Tucholsky, 1925

Oben: Programm der Folies-Bergère, um 1910. Das 1869 eröffnete Varieté wurde zum Symbol für Pariser Leben und für Vergnügen auf französische Art. Damals war es üblich, dass die Schauspielsäle die Bezeichnung »Folies« erhielten, gefolgt vom Namen des Viertels, hier Trévise. Eine Wahl, die der Herzog von Trévise ablehnte, weil er seinen Namen nicht mit einem Varietétheater in Verbindung gebracht sehen wollte. Man wich auf die benachbarte Rue Bergère aus, sodass der Name heute an Schäferinnen denken lässt.
Links: Charlie Chaplin ist 1907, als er 18 war, auf der Bühne der Folies aufgetreten, zwei Jahre vor Maurice Chevalier. Es folgten Mistinguett (1911) und Joséphine Baker (1926).
Rechte Seite: Im April 1931 widmet die Zeitschrift *Bravo* den Statistinnen der Folies-Bergère einen Artikel.

Am 8. Dezember 1932 drängen sich 3 300 Gäste, die Herren im Smoking, die Damen in paillettenbesetzten Roben, an der Ecke des Boulevard Poissonnière und der gleichnamigen Straße vor einer riesigen Art-déco-Fassade: Ganz Paris feiert die Geburt des größten Kinos von Europa, des Rex. (...) Draußen friert es Stein und Bein. Aber im Saal, in der Milde der erwärmten Luft, wiegen sich Palmen sanft vor Minaretten, antiken Sälen, spanischen Haciendas, venezianischen Palazzi, Balkonen und Loggias, die sich unter Geranien und Glyzinien biegen. Die Gäste werden von 80 Platzanweisern in Livree und mit weißen Handschuhen in Empfang genommen und schauen in einen schimmernden Sternenhimmel. (...) Die Zuschauer staunen über die Riesenleinwand, die leuchtenden Stufen und eine riesenhafte Bühne.

Le Grand Rex, 1996

Seiten 140/141: der Kinosaal des Grand Rex, Panoramafoto. Das Kino im Art déco Stil ist eines der wenigen jener Zeit, die sich in Paris erhalten haben. Das Gebäude leitet seinen Namen von lateinisch »rex« (König) ab, denn für seinen Schöpfer Jacques Haïk stellte es den König der Kinos dar. Der Saal mit 2650 Plätzen ist der größte Europas!
Oben: die Fassade des Grand Rex am Boulevard Poissonnière.
Unten: originalgetreue Nachbildung der Vorführkabine, wie sie im Museum *Etoiles du Rex* ausgestellt ist.
Als Vignette: eine Platzanweiserin.
Rechte Seite: Eingang zum Museum *Etoiles du Rex*. Bei einer interaktiven Führung tauchen die Besucher ein in die magische Welt des Films und seiner legendären Geschichte.
Seiten 144/145: die Brasserie Julien. Unten ein Mosaik, oben eine Glasdecke, Glasmalereien, die Bar aus Kuba-Mahagoni – alles im reinsten Jugendstil. Bei der Inbetriebnahme 1903 wurde die Brasserie Julien als »das schönste Verlustgeschäft von Paris« bezeichnet.
Als Faksimile: Programm des Varietétheaters Concert Mayol, um 1920. Das ehemalige Grand Concert Parisien wurde 1910 von dem Chansonnier Félix Mayol gekauft, der dort jahrzehntelang Erfolge feierte.

DEFENSE
DE
FUMER
STEPHAN
EICHER
COULISSES

CONCERT MAYOL
DIRECTEUR :
M. Oscar DUFRENNE
PRIX : 0.75

Die Viertel der Reichen
Von Champ-de-Mars bis Bois de Boulogne

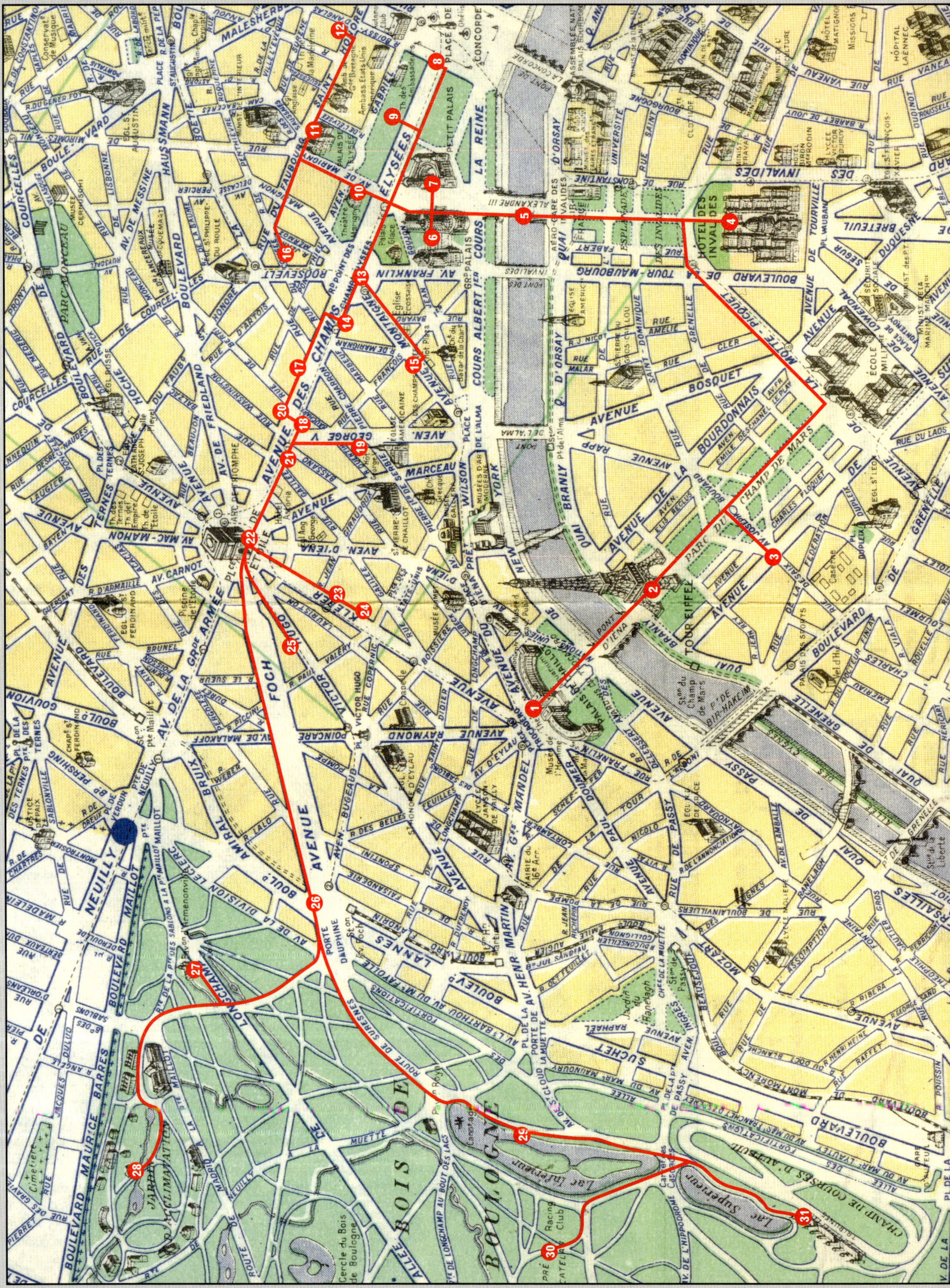

1
2
3
4
5
6
7
8
9
10
11
12
13
14
15
16
17
18
19
20
21
22
23
24
25
26
27
28
29
30
31
PLACE DE LA CONCORDE
PETIT PALAIS
COURS LA REINE
CHAMPS ELYSEES
HOTEL DES INVALIDES
ESPLANADE DES INVALIDES
QUAI D'ORSAY
COURS ALBERT Iᴱᴿ
AVENUE MARCEAU
AV. D'IENA
AVENUE KLEBER
AVENUE FOCH
AVENUE VICTOR HUGO
PONT D'IENA
TOUR EIFFEL
CHAMP DE MARS
AVENUE DE LA BOURDONNAIS
AVENUE BOSQUET
AVENUE RAPP
PARC MONCEAU
BOULEVARD HAUSSMANN
BOULEVARD MAURICE BARRES
JARDIN D'ACCLIMATATION
BOIS DE BOULOGNE
Lac Inférieur
Lac Supérieur
Racing Club
Cercle du Bois de Boulogne
CHAMP DE COURSES D'AUTEUIL
PORTE DAUPHINE

Mitte des 19. Jahrhunderts ist die Avenue des Champs-Elysées, unter Ludwig XIV. von seinem Gartenarchitekten Le Nôtre als »Triumphstraße« gedacht, nichts weiter als eine breite, mit Ulmen und Häusern spärlich bestandene Promenade. Zu jener Zeit herrscht im Pariser Westen größtenteils noch ländliche Atmosphäre, wie später die Gräfin d'Armaillé in ihren Memoiren schildert: »Sobald man die Place de l'Etoile überschritten hatte, kündeten die kleinen Äcker an der Avenue de Saint-Cloud und Avenue des Ternes vom Nahen der weiten Felder.« Und sie fügt hinzu: »An der Porte Maillot glaubte man, auf Reisen zu sein.« Das Zweite Kaiserreich markiert eine Kehrtwende. In den »von Flieder-, Veilchen-, Levkojen- und Glyzinienduft erfüllten« Parks jenseits der Stadtgrenze wird eine Vielzahl schöner Natursteinvillen errichtet. Eine Reihe von Brücken – der Pont de l'Alma (1854/56), der im Rahmen der Weltausstellung 1878 gebaute Pont de Passy (heute Pont de Bir-Hakeim), später der Pont Alexandre III und die Passerelle Debilly, beide für die Weltausstellung 1900 gebaut – eröffnen der städtebaulichen Entwicklung neue Flächen. Alphonse Daudet ist bei diesem goldenen Exodus einer der Pioniere: Er zieht 1862 in ein Haus nicht weit von der Avenue Montaigne. Zwar gibt es dort noch immer »billige Pensionen, die so verdreckt aussehen, als hätten sich Not und Elend von Generationen festgesetzt«, doch gewinnen die Großbourgeoisie und der Adel an Boden, und es entstehen die »Viertel der Reichen«. So

Links: das Heft von *Illustration* über die letzte Pariser Weltausstellung, 1937. Für den französischen Pavillon hatte Paul Valéry eine Ausstellung über die französische Gegenwartsliteratur konzipiert. Im spanischen Pavillon wurde Picassos für die Weltausstellung gemaltes Bild *Guernica* gezeigt. *Seiten 146/147:* der Pont Alexandre III und das Grand Palais, Foto, 1900.

Mitte: der Pont Alexandre III und die Pavillons anderer Länder bei der Ausstellung 1900. *Unten:* die für die Weltausstellung 1900 nachgebauten Häuser der Pariser Altstadt mit Blick auf die Seine, Photochrom, 1900. *Als Vignette:* ein Gepäckaufkleber des Hotels George V.

Seiten 150/151: im Parc Monceau, Foto, um 1900. »Hier ist es hübsch. Hier kann ich ruhig träumen. /Hier bin ich Mensch – und nicht nur Zivilist. /Hier darf ich links gehn. /Unter grünen Bäumen /sagt keine Tafel, was verboten ist« – so Kurt Tucholsky 1924.

1- Trocadéro
2- Tour Eiffel
3- Avenue de Suffren / Grande Roue
4- Invalides
5- Pont Alexandre III
6- Grand Palais
7- Petit Palais
8- Place de la Concorde
9- Statue d'Alphonse Daudet
10- Théâtre Marigny
11- Palais de l'Élysée
12- Hermès
13- Rond-Point des Champs-Élysées
14- Hôtel de la Païva
15- Avenue Montaigne
16- Bœuf sur le toit
17- Hôtel Claridge
18- Fouquet's
19- Hôtel George V
20- Lido
21- Élysée Palace Hôtel
22- Arc de Triomphe
23- Hôtel Majestic
24- Hôtel Raphaël
25- Prunier
26- Porte Dauphine
27- Pavillon d'Armenonville
28- Jardin d'acclimatation
29- Lac du bois de Boulogne
30- Pré Catelan
31- Champ de courses d'Auteuil

lässt der Schriftsteller in seinen *Montagsgeschichten*, die ab 1871 in der Zeitung *Le Soir* erscheinen, die »Pracht und das Lärmen der Champs-Elysées, ein ständiges Rauschen, Klirren von Säbeln und forschen Schritten« nicht unerwähnt. Die Promenade ist das Refugium von Wagenbauern und Pferdehändlern, der Vorfahren der modernen Auto-Showrooms. Die dröhnenden Limousinen, die gleichen, die heute vor dem berühmten Fouquet's stehen – damals eine Kutscherkneipe –, gewinnen schließlich die Oberhand über Kutschen, Kaleschen und Tilburys, zum großen Bedauern von Octave Uzanne, der 1899 die Geburt des »scheußlichen Erdöl-Paris« beklagt.

Alphonse Daudet beschreibt, immer noch in Bezug auf die Champs-Elysées im letzten Drittel des 19. Jahrhunderts, »rundum große, stumme Herrenhäuser mit abgerundeten Ecken, mit durch helle Seidenvorhänge fein abgestimmten Fenstern und hohen, glänzenden Spiegeln, in denen goldene Kandelaber und seltene Blüten von den Blumentischchen sich widerspiegelnd emporranken«. Zwei Arten »Herrenhäuser« tragen zum Aufstieg der »schönsten Avenue der Welt« bei: Bei Ersterer handelt es sich um die Grandhotels wie das 1912 eröffnete Claridge oder das George V von 1928; sie beherbergen vermögende Reisende aus der ganzen Welt. Die anderen, die man ***hôtel particulier*** (Stadtpalais) nennt, etwa ein Dutzend an der Zahl, übertrumpfen einander an Prunk – wie am Stadtpalais der Marquise de Païva aus dem Jahr 1866 zu sehen, dem Einzigen dieser Schmuckstücke, das von der Zerstörung verschont blieb. Die luxuriösen Zufluchtsorte sind die Früchte eines Drangs der neuen Aristokratie nach Westen. Die Anfänge gehen ins 18. Jahrhundert zurück, als Adel und Geldadel sich im Faubourg Saint-Honoré zwischen Hof und Garten prunkvolle Lustschlösschen einrichten. Dieser Schwärmerei verfällt selbst Napoleon III. 1848 wählt er den Elysée-Palast als Wohnsitz – seither ist der Palast Amtssitz des französischen Staatspräsidenten. Die im selben Jahr ausbrechende Revolution und die daraus resultierende soziale Angst lässt die Bourgeoisie in die reinen Wohngebiete des 7., 8. und 16. Arrondissements flüchten. Mag auch Louis Aragon in *Die Viertel der Reichen* »die seelenlosen Straßen einer reichen Stadt« geißeln – hier weicht das dumpfe Paris der Restauration, das Balzac, einer der Vorbilder Aragons, detailliert schildert, dem »wunderbar Städtischen« und seinem bisher nicht gekannten Wohlstand. Unübersehbar ist die Freude an der

Oben: das Schutzdach der Metrostation Porte Dauphine.
Mitte: Ansichtskarten aus den 1920er-Jahren: die Metrobrücke in Passy (oben) und der Eiffelturm, vom Pont Mirabeau aus gesehen.
Als Vignette: Metrofahrschein erster Klasse. Er wurde stückweise verkauft; das Modell war von 1900 bis 1919 im Umlauf.
Links: Speisekarte des berühmten Restaurants Ledoyen, 1935. Pierre-Michel Ledoyen machte 1791 aus dem Tanzlokal in den Jardins des Champs-Elysées ein Restaurant. Napoleon Bonaparte lernte hier Joséphine de Beauharnais kennen, seine spätere Gattin.

Verschönerung des öffentlichen Raums. In den 1830er-Jahren unter Louis-Philippe hat sie begonnen, dabei aus dem Ornamentrepertoire der klassischen Architektur geschöpft, vor allem aber im Second Empire und in der Belle Epoque wird die Stadtlandschaft auf phänomenale Weise bereichert. Der Historiker François Loyer schreibt: »Ein Wagner'scher Hauch verleiht noch so banalen Erzeugnissen des Pariser Bausektors eine mitreißende Monumentalität.« Das gilt für den kleinsten Kandelaber, die herrlichsten Steinquader und das Straßenpflaster im »Schuppenbogenverband«. So kann der Baron Haussmann sein Werk genießen, und er tut es ausgiebig, wenn er in seinen Memoiren den Anblick lobt, dessen Urheber er selbst ist. Er nennt uns im Übrigen den idealen Ort für eine Würdigung: »Die schöne städtische Ordnung, die ich zu meinem Stolz gefunden habe und als eines der gelungensten Werke meiner Verwaltung betrachte, zeigt sich in ihrer Gesamtheit wie auf einem Plan oben vom Arc de Triomphe aus gesehen.«

Der Blick von diesem »Ruhmesberg«, um mit den Worten Victor Hugos zu sprechen, ist auch über ein Jahrhundert später noch eindrucksvoll. Man kann die Hauptstadt aber auch vom Eiffelturm aus betrachten, dem Superlativ der Weltausstellung 1889, in der Rekordzeit von zwei Jahren, zwei Monaten und fünf Tagen erbaut. Das emblematische Monument scheidet die Geister seinerzeit ebenso sehr, wie es sie heute vereint. Die einen, wie François Coppée in seinen Gedichten, halten den »Riesen ohne Schönheit und Stil« für ein »unnützes Symbol der Stärke und Triumph des brutalen Faktums«; die anderen, wie Sully Prudhomme in der *Revue scientifique*, sehen darin »ein großartiges Wagnis (...), einen eisernen Zeugen, den der Mensch ins Himmelsblau errichtet hat, um zu zeigen, dass er unbeirrbar ist in seinem Entschluss, dorthin zu kommen und sich darin einzurichten!« Wer in einer Zeit, als der Himmel und die Freizeitbeschäftigungen noch unerreichbar scheinen, so auf das Panorama blickt (damals taten sich viele Anblicke auf), Höhe gewinnt und sich Zeit nimmt, der entdeckt die Welt auf eine andere, berauschende und »touristische« Art. Die großen Weltausstellungen machten den Pariser Aussichtspunkt auf der ganzen Welt bekannt. Alle wollen nun die spektakuläre Stadt sehen, und nicht nur von oben. Die Bateaux-Mouches, die erstmals bei der Weltausstellung 1867 in Betrieb genommen werden, sehen sich einem Ansturm ausgesetzt. Die Seine ist nicht mehr nur ein Ort, wo gearbeitet wird; sie wird zur Bühne, wie es F. Scott Fitzgerald in der Erzählung *Eine Reise ins Ausland* anlässlich einer Kanalbootparty schildert: »Das Schiff war mit zarten Lampions behängt, deren Licht sich mit den Pastellfarben der Brücken und den in der dunklen Seine sich spiegelnden Sternen mischte wie ein Kindertraum aus Tausendundeine Nacht.« Sind nicht die verschiedenen Weltausstellungen, die zwischen 1855 und 1937 in Paris ausgerichtet werden, vom gleichen Geist des allgemeinen Erstaunens beseelt? Und wie viele glückliche Menschen kommen auf einen missmutigen Guy de Maupassant – »Kein Kutscher ist willens, einen anderswohin als zur Ausstellung zu fahren«, beklagt er sich 1889. Die euphorische Menge ist gerade das, was Mark Twain in *Die Arglosen im Ausland* bei der Tausendjahrfeier 1867 fesselt: »Es war eine wunderbare Schau, aber die flutenden Menschenmassen aller Nationen, die wir dort sahen, boten ein noch wunderbareres Schauspiel.« In Paris zu wohnen, der Stadt der »Weltinvasion«, das bedeutet damals, überall und im Mittelpunkt von allem zu sein. Sodass ein Arsène Houssaye sich logischerweise fragen kann: »Könnte man nicht den reisenden Parisern sagen: ›Warum legt ihr so weite Strecken zurück, statt dass ihr in Paris reist?‹ Der Orient«, so fügt der Schriftsteller hinzu, »ist nur noch in Paris; in Paris allein sind die Urwälder; nichts Neues gibt es unter der Sonne, wenn nicht unter der Sonne von Paris.«

Oben: die Terrasse des Restaurants Le Pré Catelan im Bois de Boulogne, um 1900.
Links: »Der Tag einer Pariserin im 20. Jahrhundert«, Illustration aus dem Katalog des Modehauses High-Life Tailor, 1905.

Nachdem ich mit tiefer Bewunderung die Halle mit den Maschinen und allen fantastischen Entdeckungen der Wissenschaft auf den Gebieten der modernen Mechanik, Physik und Chemie besichtigt, nachdem ich festgestellt hatte, dass die (...) arabischen Tänze nur in den weißen Dörfern Algeriens Reiz und Farbe bekommen, habe ich mir entschieden gesagt, dass ein Besuch von Zeit zu Zeit eine ebenso ermüdende wie anregende Angelegenheit wäre, von der man sich anderswo, zu Hause oder bei Freunden, ausruhen sollte. Nie aber hatte ich daran gedacht, was aus Paris nach der Weltinvasion werden würde. Seit jenem Tage sind die Straßen voll. Die Trottoirs gleichen angeschwollenen Wildbächen. Das alles eilt zur Ausstellung, kommt von dort oder geht noch einmal dahin zurück. Auf den Straßen fahren die Wagen dicht hintereinander wie Waggons eines endlosen Zuges. Kein Kutscher ist willens, einen anderswohin als zur Ausstellung oder, wenn er abgelöst wird, in die Nähe seiner Remise zu fahren. (...) Kein Tisch im Restaurant ist frei. Keiner der Freunde speist zu Hause oder ist geneigt, bei einem zu speisen. Wenn man jemanden einlädt, sagt er nur unter der Bedingung zu, dass auf dem Eiffelturm getafelt wird. Das sei viel lustiger. Und wie auf geheimen Befehl laden sie einen alle und täglich dorthin ein – sei es zum Mittag-, sei es zum Abendessen.

Guy de Maupassant, 1890

TROCADÉRO

Oben links: der Trocadéro-Palast, Photochrom, um 1890. Das dekorative Gebäude orientalischen Stils, zur Weltausstellung 1878 erbaut, hatte einen Festsaal mit Raum für 6000 Personen. Zur Weltausstellung 1937 wurde es abgerissen und durch das Palais de Chaillot ersetzt.
Oben rechts: die Maschinengalerie bei der Weltausstellung 1889, Photochrom.
Rechte Seite: der Eiffelturm, Photochrom, 1890. Zwei Tage vor der Einweihung war in der Zeitung *Le Temps* zu lesen: »Wir, Schriftsteller, Maler, Bildhauer, Architekten, begeisterte Liebhaber der bisher unberührten Schönheit von Paris, protestieren mit all unseren Kräften, all unserer Empörung im Namen des französischen Geschmacks (...) gegen die Errichtung des nutzlosen, monströsen Eiffelturms mitten im Herzen unserer Hauptstadt.«
Seiten 156/157: Der Eiffelturm setzt seine 300 Meter Höhe den 106 Metern des Riesenrads entgegen, das in der Avenue de Suffren steht, Photochrom, 1900. Die »Grande Roue«, nach dem Vorbild des »Big Wheel« bei der Ausstellung von Chicago (1893) konstruiert und seinerzeit das größte Riesenrad der Welt, wurde 1937 abgebaut.
Links: der Speisewagen des Riesenrads bei der Weltausstellung 1900.

Links: Speisekarte für das Bankett, das im Juli 1896 in einem der vier Restaurants im ersten Stock des Eiffelturms zu Ehren des chinesischen Vizekönigs Li Hung Chang, auf Staatsbesuch in Europa, gegeben wurde. In jedes der Restaurants auf 120 Meter Höhe passten 500 Personen!
Ganz oben: der Eingang am Ostpfeiler des Eiffelturms *(links)* und der Kabinenwechsel im Zwischenstock (zwischen dem zweiten und dritten Stock) auf 200 Meter Höhe *(rechts)*.
Oben: der überdachte Umgang im dritten Stock auf 280 Metern *(links)*, die Plattform im zweiten Stocks *(rechts)*.
Linke Seite: einer der hydraulischen Aufzüge der Firma Fives Lille, die im Ost- und Westpfeiler des Eiffelturms zum dritten Stock führen, Foto, um 1925.

Seiten 160/161: Ansicht des Eiffelturms heute. Das meistbesichtigte kostenpflichtige Bauwerk der Welt mit fast sieben Millionen Besuchern 2007 ist eine Konstruktion des Ingenieurs Gustave Eiffel. Am Ende seines Lebens sagte er ironisch: »Ich müsste auf den Turm eifersüchtig sein, er ist berühmter als ich.« Während der Weltausstellung 1889 besichtigten zwei Millionen Schaulustige den Turm, der bis 1932 der höchste der Welt blieb. Heute undenkbar: Beinahe wäre das Wunderwerk der Eisenbaukunst wieder abgerissen worden. Eugène Ducretet rettete die »Grande Dame«, indem er im dritten Stock ihren Nutzen für Funkverbindungen bewies. Als dort eine Großfunkstelle eingerichtet wurde, war das Überleben des Turms gesichert.

Der Pont Alexandre III. Ein großer, windgefegter Platz ist der Brücke vorgelagert. Düstere kahle Bäume, mathematisch in ihren eisernen Schutzgittern angeordnet. Die Schwermut des Invalidendoms strömt aus der Kuppel und überschwemmt die dunklen, an den Platz angrenzenden Straßen. Das Leichenschauhaus der Poesie. Sie haben ihn jetzt, wo sie ihn haben wollten, den großen Krieger, den letzten großen Mann Europas. Er schläft tief in seinem Granitbett. Man braucht nicht zu fürchten, dass er sich in seinem Grab umdreht. Die Pforten sind gut verriegelt, der Sargdeckel fest geschlossen. Schlafe, Napoleon! Nicht deine Ideen wollten sie, sondern deinen Leichnam!

Henry Miller, 1934

Linke Seite: der Invalidendom auf dem Gelände des Hôtel des Invalides, Photochrom, um 1900. Die Kuppel – die 1989 zum fünften Mal vergoldet wurde – bildet einen der Fixpunkte der Pariser Landschaft. Der Dom, ein Prachtbau der französischen Klassik, wurde von Jules Hardouin-Mansart an die Kirche Saint-Louis-des-Invalides angebaut und 1706 geweiht. Ludwig XIV. gründete mit dem Hôtel die älteste Stiftung für Kriegsinvaliden. Erst verfügte es über 5 000, später über 7 000 Plätze.
Oben: das Grabmal Napoleons I. im Invalidendom, Photochrom, um 1900. Der Leichnam des Kaisers wurde am 15. Dezember 1840 unter großer Anteilnahme der Bevölkerung überführt. Der Sarkophag aus rotem Karelien-Porphyr ruht auf einem Sockel aus grünem Vogesen-Granit.
Oben: Titelseite des *Panorama du Tout-Paris*, eines Hefts, das den großen Panoramarundgang vorstellt, der für die Weltausstellung 1889 gemalt worden war. »Eine der großen Attraktionen der Ausstellung auf der Esplanade des Invalides ist sicher das Panorama von M. Castellani, *Le Tout-Paris*«, berichtet der *Figaro* vom 23. Februar 1889. »Charles Castellani hatte die hervorragende Idee, in diesem Panorama alle lebenden Pariser Berühmtheiten zu versammeln.«
Seiten 164/165: der Pont Alexandre III. Der Reichtum an Skulpturen und die Eleganz des einzigen Eisenbogens machen die Brücke zur bedeutendsten von Paris.

Es haben sich naturgemäss die Regisseure der weiblichen Bewegung die Gelegenheit der diesjährigen Pariser Weltausstellung nicht entgehen lassen, um auch ihre Statisten auf die Szene der großen Weltkomödie zu schicken, deren Schauplatz die französische Hauptstadt ist. Sie haben auf dem Champ de Mars, am Fuße des Eiffelturms, ein »Palais de la femme« errichtet. Die »Union des femmes de France«, etwas Ähnliches wie der deutsche vaterländische Frauenverein, hat eine kleine Doppelausstellung, deren einer Teil in einem Pavillon hinter dem Palais der Heere und Marine installiert, der andere auf einem kleinen Seinedampfer untergebracht ist, und so kann der Besucher, wenn er es nicht vorzieht, bei den bauchtanzenden Ägypterinnen der Kolonial-Ausstellung oder den Marchandes de sourire der Rue de Rire seine Kenntnisse über die Stellung der modernen Frau zu erweitern, hier konstatieren, wie weit das Weib auf dem Wege der Gleichberechtigung gelangt ist.

Maurice Rappaport, 1900

Oben: das Petit Palais, 1900. Das dem Namen nach kleine Gebäude ist groß an Fläche (zwei Hektar) und Eleganz. Es wurde zur Weltausstellung 1900 gebaut und mit einer Retrospektive der französischen Kunst bis 1800 eröffnet. Hier fand 1903 der erste Salon d'Automne statt, mit dem die großen impressionistischen Maler an die Öffentlichkeit traten.
Rechts: die Nummer 23 von *Le Panorama*, die sich mit den Ausstellungen zur französischen Kunst des 19. Jahrhunderts im Grand Palais beschäftigt, 1900 von Ludovic Baschet veröffentlicht. *Le Panorama* war eine sehr populäre illustrierte Zeitschrift, die aktuelle Themen aufgriff und in Serien erschien: *Paris s'amuse* (Paris amüsiert sich), *Journée de la Parisienne* (Tag der Pariserin) usw.
Als Vignette: Eintrittskarte für die Weltausstellung 1900. Alfred Picard, der Generalkommissar der Ausstellung, bezeichnete das Großereignis als »Apotheose von Industrie und Wissenschaft, kolonialer Expansion und Frieden, Republik und Jugendstil«. Es wurde von über 50 Millionen Menschen besucht!

SERVICE DE L'EXPOSITION
TRAMWAYS ELECTRIQUES SYSTEME SIEMENS
SIEMENS FRERES, Ingénieurs Electriciens Constructeurs, 8 RUE PICOT

TRAMWAY ÉLECTRIQUE Système SIEMENS

BEI KLAREM, MILDEM WETTER KAMEN WIR BIS ZUM JARDIN DES PLANTES oder bis zum Trocadero, dessen grüner, blühender Hügel sich damals einsam am Ufer der Seine erhob. (...) Die Spaziergänge in die Stadt und die Vororte schienen mir bald träge und eintönig, bald bewegt; zuweilen unangenehm, zuweilen lachend und voll Heiterkeit. So durchwanderten wir weite Strecken, verfolgten die lange Prachtstraße mit ihrer festlichen Einfassung von Läden voll Honigkuchen, gezuckerten Äpfeln, Mirlitons und Papierdrachen, jene Elysäischen Gefilde, durch die der Wagen mit den Ziegen fuhr; die Pferde aus Holz auf ein Glockenzeichen kehrtmachten und Kasperle sich in seinem Theater mit dem Teufel schlug. Dann kamen wir an die steilen, staubigen Ufer, an denen die Kräne Steine ausluden und die Lastpferde die Zillen über den Leinpfad bugsierten. Land reihte sich an Land, Gegend an Gegend; wir schritten durch überfüllte und leere, durch dürre und blühende Striche.

Anatole France, um 1880

Seiten 168/169: Das Pariser Publikum und die Besucher der internationalen Elektrizitätsausstellung 1881 lernen die elektrische Version der Straßenbahn kennen. Siemens hatte auf der Place de la Concorde am Beginn des Cours de la Reine eine Haltestelle eingerichtet.
Oben: der Beginn der Avenue des Champs-Elysées, Photochrom, 1890. Auf den hohen Sockeln beiderseits der Allee stehen die Pferde von Marly, zwei Barockskulpturen von Guillaume Coustou, die 1794 hier aufgestellt wurden.
Rechts: das Théâtre Marigny, 1900. Zwei berühmte Namen waren für die Entstehung dieses Schauspielhauses entscheidend, das zunächst Folies-Marigny hieß: Charles Garnier, Architekt der Pariser Oper und 1880 auch dieses Theaters, sowie Jacques Offenbach, der bei der Eröffnung 1855 die Leitung übernahm. 1946 debütierte die Theatertruppe des Schauspielerpaars Madeleine Renaud und Jean-Louis Barrault im Théâtre Marigny.
Rechts: Kinder fahren in den Jardins des Champs-Elysées auf kleinen Wagen, die von Ziegen gezogen werden, um 1900.
Rechte Seite: die Statue von Alphonse Daudet, überwuchert vom Grün der Jardins des Champs-Elysées. Der Autor der *Briefe aus meiner Mühle* und des *Tartarin von Tarascon* wohnte von 1862 bis 1864 in der Nähe der Avenue Montaigne.

EXIGEZ PARTOUT LE
LION
NO
HERMÈS
HERMÈS
HERMÈS
SELLES
HARNAIS
ÉQUIPEMENTS MILITAIRES
SELLERIE
HERMÈS
MAROQUINERIE
HERMÈS FRÈRES
FRÈRES
HERMÈS FRÈRES

Wenn Sie nicht müde sind, mir durch diese endlose Strasse zu folgen, haben Sie die Güte, mit mir in den Faubourg einzudringen, der ihren Namen trägt. (...) Es folgt das Elysée-Bourbon, ein großartiger Palast, Zeuge so großer Misslichkeiten. (...) Die Rue du Faubourg Saint-Honoré ist heute für den Hochadel das, was (...) die Place Royale und das Marais unter Ludwig XIII. und Ludwig XIV. waren, der Faubourg Saint-Germain unter Ludwig XV. und der Restauration: die elegante Welt, die fashionable Welt; nichts ist hier überaltert, verfallen; alles kündet von Eleganz, wahrhaft noblen Manieren, gutem Ton.

Lottin de Laval, 1844

FAUBOURG SAINT-HONORÉ

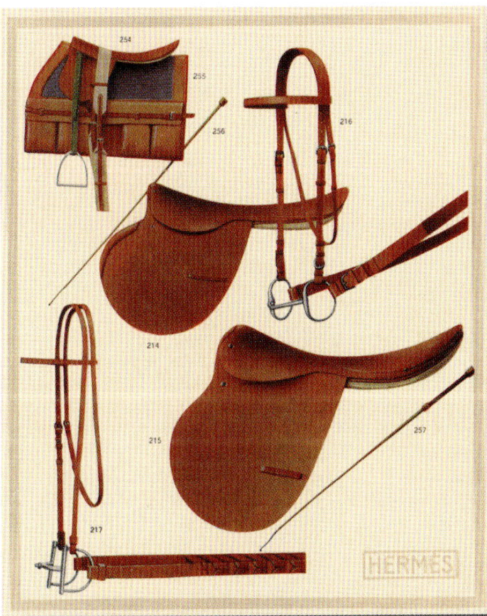

Linke Seite: die Firma Hermès, bestehend aus Laden und Werkstatt, in der Rue du Faubourg Saint-Honoré Nr. 24, dem Sitz des Unternehmens seit 1880. Dieses Foto wurde 1923 kurz vor der ersten großen Renovierung des Gebäudes aufgenommen.
Links: Seite aus einem Hermès-Katalog, 1925. Als Thierry Hermès 1837 im Quartier de la Madeleine eine Werkstatt für Sättel und Zaumzeug in Betrieb nahm, hätte er sich wohl kaum träumen lassen, dass ein Jahrhundert später sein Enkel Emile das Zeitalter der Seidenschals einläuten würde, womit die Marke ins Universum von Luxus und Mode einzog. Sechs Generationen später bezaubert der Schriftzug Hermès mit einer erfinderischen Treue zu den wesentlichen, von den Begründern ererbten Werten die ganze Welt.
Als Vignette: Gepäckaufkleber des Hotels Le Bristol in der Rue du Faubourg Saint-Honoré. Das Hotel öffnete 1925 im stilvollen Ambiente des ehemaligen Stadtpalais von Graf Jules de Castellane seine Türen.
Oben rechts: Hauptportal des Elysée-Palasts, um 1910. Das ehemalige Palais des Grafen von Evreux, 1722 vollendet und unter anderem von der Marquise de Pompadour bewohnt, wurde 1848 zum offiziellen Amtssitz des Staatspräsidenten erklärt.
Seiten 174/175: die Avenue des Champs-Elysées vom Rond-Point aus, Anfang des 20. Jahrhunderts. Rainer Maria Rilke schrieb damals: »So fließt in kaum merklichem Gefälle die wunderbare Avenue auf einen zu, rasch und reich und wie ein Strom, der vorzeiten mit seiner eigenen Gewaltsamkeit das Tor gebrochen hat in die Felsenwände des Arc de Triomphe dort hinten am Etoile.«

vionnet
rotonde
du casino
entrée par la plage
biarritz
ad. télég. : vionnetiv paris
coquemer
, sport, fourrures, lingerie
e vionnet portent tous sa signature. son empreinte digitale et
rement de la commande. madeleine vionnet remplit, en france
gées par les lois de protection de la propriété artistique. elle
poursuivra toutes les contrefaçons et toutes les copies faites au mépris de ses droits.

THE
PLAZA·ATHÉNÉE
CHAMPS-ÉLYSÉES
PARIS
The Hotel preferred for its service and high social "Atmosphere"
E. ARMBRUSTER
UNDER SAME MANAGEMENT IN WINTER
CALIFORNIE PALACE
CANNES
SCIENTIFIC PUBLICITY SERVICE

Wenn Madame de Païva (...) nur einen schönen Körper ohne Seele in der Welt spazieren geführt hätte, würden die Zeitungen sie nicht mit einem Abschiedsgruß bedenken wie eine der großen Frauen ihrer Zeit. Aber in ihr hatte man jemanden, mit dem man sprechen konnte, in welcher Sprache auch immer. Sie gehörte zu denen, die alles wissen, ohne etwas gelernt zu haben; sie hatte nichts richtig gelesen außer das Buch der Welt, aber das kannte sie auswendig! Wie sie die Leute musterte, und wie sie die Menschen entlarvte! »Meine Freunde werden mich nie verraten«, sagte sie, »weil ich sie sorgfältigst gewählt habe.« (...) Man muss sagen, dass der Ruhm selbst sie gewählt hatte, denn sie hießen: Eugène Delacroix, Auber, Théophile Gautier, Ponsard, Léon Cozlan, Emile Augier, de Goncourt, Baudry (...), fast alle ausländischen Botschafter (...). Man ging zu ihr, wie man zu Ninon und Madame de Maintenon ging, nicht weil der Speisesalon der schönste von Paris war, sondern weil es eine kleine, intime Akademie war, wo wir uns glücklich schätzten, uns unter dem Vorsitz dieser Frau zu treffen (...), die uns allen etwas beizubringen hatte.

Arsène Houssaye, 1885/86

Linke Seite und rechts: das Hôtel de la Païva, Avenue des Champs-Elysées 25, das heute dem Traveller's Club gehört; *links* die kostbare, unverändert erhaltene Onyxtreppe. Das von 1856 bis 1866 erbaute Palais der Marquise de Païva gilt als eines der schönsten privaten Gebäude des Zweiten Kaiserreichs. Die Marquise hatte als berühmte Kurtisane und reiche Spekulantin ein abenteuerliches Leben geführt, bevor sie den preußischen Grafen Guido Henckel von Donnersmarck heiratete. Nach dem Deutsch-Französischen Krieg in Frankreich politisch unerwünscht, verließ das Ehepaar Paris und residierte in Schlesien.
Links: »Der Tag einer Pariserin im 20. Jahrhundert«, Illustration aus dem Katalog des Modehauses High-Life Tailor von 1905, der das Leben der Welt- und Halbweltdamen im Second Empire und in der Belle Epoque veranschaulicht.
Seiten 176/177, Links: die Parfümerie Lanvin, 1924 von Jeanne Lanvin eröffnet. Das Foto stammt von 1928, ein Jahr nachdem das berühmte Parfüm Arpège auf den Markt gekommen war. *Rechts:* Werbung für das Modegeschäft Madeleine Vionnet in der *Illustration* vom 8. Mai 1926.
Als Faksimile: amerikanische Werbung für das Hotel Plaza-Athénée, um 1900.

Das »Bœuf sur le Toit«, das in die Rue de Penthièvre umgezogen ist, bleibt das Lokal, wo man hingeht, um gesehen zu werden. (...) Der Portier ist Russe und nennt sich Fürst, und der Türsteher ehemaliger Offizier der kaiserlichen Garde. Er fungiert als Physiognomiker wie in den Casinos und weiß mit städtischer Festigkeit und wohlgerollten Rs zu erklären: »Ich bedaurre sehrr! Wirr sind heute Abend voll besetzt«, wenn die Gäste nicht passend erscheinen. Das Bœuf ist kein Club, aber der Inhaber legt Wert auf den Stil seiner Kundschaft. (...) Schon läuft er auf eine stark geschminkte Frau zu, die die Stufen heruntersteigt und mit erhobenen Armen in den Rauch, die vermischten Alkoholgerüche, die leise Musik des Saals eintaucht. »Ah! Prinzessin, welch ein Vergnügen!« (...) Jeanson flüstert: »Das ist die Prinzessin Murat, und der Japaner, der sie herbeiwinkt, ist der Maler Foujita. Daneben sitzt seine Frau.«

Dominique Desanti, 1999

Oben und rechts: Ob es nun in der Rue Boissy-d'Anglais oder in der Rue de Penthièvre siedelte, das »Bœuf sur le Toit« (Der Ochse auf dem Dach) war zwischen den beiden Weltkriegen eine der Lieblingsbars der künstlerischen Avantgarde vom rechten Seineufer. Jean Cocteau kam um Mitternacht und ging in den frühen Morgenstunden. Den Namen übernahm der Inhaber Louis Moysès von einem pantomimischen Ballett Cocteaus, das 1920 in der Comédie des Champs-Elysées auf die Bühne kam. Es spielte in einer fiktiven Bar: Die echte öffnete 1921 ihre Türen. *Unten rechts:* Werbung für die 1932 eröffnete Grillbar Le Colisée. Der Architekt Charles Siclis schuf den Art-déco-Saal. Während der Fußboden anstieg, neigte die Decke sich leicht, um die Perspektive zu betonen! *Rechte Seite:* das Schwimmbad im Hotel Claridge, 1940er-Jahre. In dem Luxushotel wohnte Colette von 1930 bis 1935 auf ihrer »Hühnerstange« im 6. Stock: »Zwei kleine, miteinander verbundene Zimmer unter dem Dach, eine Badewanne, zwei kleine Zwillingsbalkone am Rande der Dachrinne.« Ebenfalls im Claridge begann die Karriere des Gitarristen Django Reinhardt. Als er zum Tee spielte, fiel er einem anderen Jazzer auf, Stéphane Grappelli. Sie schlossen sich zum Hot Club de France zusammen. So wurde 1934 im Claridge ein »Jazz ohne Pauken und Trompeten«, wie Grappelli sagte, geboren.

GEORGE V
sense of the word. Indeed, not only is
the ear entranced, but the eye too, by the
exquisite vistas of marble court, gleaming
flower-beds and sweep of vaulted cor-
ridors.
At the George V every detail of the art
of living rightly and pleasantly has been
thoughtfully arranged to please those who
enjoy the privilege of dwelling there.
An organization such as this does not
— 14 —
just happen. The board of directors
consists of a thoughtful group of
who have contributed years of
wisdom and experience to the
problems of making this one a
and unique success. Amongst
André Terrail, General Director
George V, and also proprietor
Restaurant Tour d'Argent,
epicurian landmarks of Paris.
— 15 —
PARIS

UND NUN GEHEN WIR DIE CHAMPS-ELYSÉES HINAB. (...) Hier wimmelt es von vielfältigem Leben. Hier zeigen die Kinos die neuesten Leinwanderfolge aus der ganzen Welt. (...) Jeden Abend, auch samstags und sonntags warten lange Zuschauerschlangen geduldig bei Sonnenschein oder Regen. Die berühmten Cafés (Colisée, Marignan, Rond-Point, Select) und die großen Restaurants (Fouquet's, Laurent, Berkeley, Elysée-Matignon, Club de Paris) liegen auf den Champs-Elysées dicht nebeneinander. Die Luxusläden, die Haute Couture haben die Gebäude in Beschlag genommen, auf den Champs-Elysées genauso wie auf den Zufahrts- und Nebenstraßen des »Königswegs«, den die Avenue Montaigne, die Rue François-Ier und die Avenue Pierre-Ier-de-Serbie bilden. In der Nummer 116 a hat die Radiodiffusion Française Studios. Hier herrschen die neuen Künste – die des Bildschirms und der Wellen.

André Maurois, 1960

Oben: die Terrasse des Fouquet's um 1930 und in den 1940er-Jahren (*rechts* ein Foto von Roger Schall). Louis Fouquet erwirbt zunächst ein kleines Café, Le Critérion, in dem die Droschkenkutscher verkehren und in dem die Pariser auf dem Weg in den Bois du Boulogne anhielten. 1899 fügt Fouquet das Apostroph-S »im englischen Stil« hinzu: So entsteht das Fouquet's. *Seiten 184/185:* der Schriftzug Fouquet's auf einem Silbergeschirr. »Wir essen sehr oft im Fouquet's«, schrieb James Joyce 1934 in einem Brief. »Es ist ein schicker Boxring geworden. Gestern Abend verpasste hier eine Dame in vorgerücktem Alter einem vollkommenen Gentleman eine Ohrfeige, weil er in Begleitung einer anderen vollkommenen Dame war.« Joyce saß immer am selben Tisch, bestellte immer das gleiche Menu, rauchte und leerte bis Mitternacht vier Karaffen Muscadet. *Linke Seite:* Speisekarte und Briefpapier des Hotels George V sowie ein englisches Büchlein, das 1928 erschien, als das Luxushotel seine ersten Gäste empfing. Hinter seiner schönen Fassade im Art-déco-Stil ist das George V eines der luxuriösesten Hotels der Welt. Zum Hotel gehörte ein Privatflugzeug, das nach Bedarf zu den europäischen Hauptstädten, dem Seebad Le Touquet und der Pferderennbahn von Deauville flog! *Als Vignette:* Gepäckaufkleber des Hotels Prince de Galles in der Avenue George-V. Marlene Dietrich und Winston Churchill zählten zu den illustren Gästen dieses Luxushotels.

Fouquet's

Oben: Eine »Zweikämpferin« im Lido fordert eine Besucherin heraus. Das Lido, das 1946 in ein Kabarett umgewandelt wurde, besaß in den 1930er-Jahren ein Schwimmbad. Darin wurden Zweikämpfe nach dem Vorbild der Wasserspiele Venedigs gezeigt – der Name ist natürlich eine Anspielung auf den berühmten Strand.

Links oben: die monumentale Marmor-Bar, um 1930. Der Architekt und Innenausstatter René-Félix Berger gestaltete das erste Lido, das seit 1928 Erfolge feierte.

Links unten : die Bar Napoléon, 1930er-Jahre. Das Lokal unter den Arkaden der Champs-Elysées an der Ecke der Rue de Ponthieu beschreibt sich selbst als »das schickste von Paris«, »the rendez-vous of the Smart Set«.

Rechte Seite: im Lido, September 1931. In dem Kabarett an den Champs-Elysées traten nach dem Zweiten Weltkrieg die Allergrößten auf, etwa Frank Sinatra 1962. 1977 zog das Lido in die Räumlichkeiten des ehemaligen Kinos Normandie um, wo noch immer die paillettenglitzernden Revuen die Pariser Nächte erhellen.

Rechts: kleines Werbeplakat, 1953. 1946 erfanden die Brüder Clerico das Revue-Menu mit Abendessen und Vorstellung. Es garantierte ununterbrochenen Erfolg und wurde überall kopiert.

Man macht einen Rundgang um den Etoile, biegt aufs Geratewohl in eine der Avenuen ein, und ehe man sich's versieht, steht man in einer völlig anderen Welt als der, in die die nächste Avenue hineinführt ... Diese Spaziergänge erinnerten lebhaft an Stickarbeiten ... (...) Hier aber konnte man niemals im Voraus wissen, ob man sich im verträumten Paradies der Avenue Friedland, im lärmenden Gedränge der Avenue Wagram oder in der vornehmen Stille der Avenue du Bois wiederfinden würde. Der Etoile herrscht über verschiedene Welten wie über die Menschen. Welten, in die seine leuchtenden Arme hineingreifen. Da ist die ruhige Avenue Carnot mit ihrer provinzlerischen Atmosphäre, die würdevolle Geschäftigkeit der Champs-Élysées. Dann die Avenue Victor-Hugo ...

Louis Aragon, 1944

Oben: der Arc de Triomphe und die Place de l'Etoile, Photochrom, um 1890. Krönung des 1806 begonnenen, 1836 vollendeten Triumphbogens sollte nach dem Willen Napoleons die Quadriga vom Brandenburger Tor sein, die nach der Schlacht von Jena und Auerstedt nach Paris verschleppt worden war. Seine Entmachtung vereitelte den Plan, und die Quadriga kehrte 1814 mit Blüchers Truppen nach Berlin zurück. Mit dem Bau der Place de l'Etoile betraute Haussmann 1854 Jacques Ignace Hittorff. Da Haussmann »den Bois de Boulogne nach Paris hereinholen« wollte, entwarf der Architekt einen kreisförmigen Platz, von dem man in die Avenue du Bois – die spätere Avenue Foch – gelangte.

Rechte Seite: der Arc de Triomphe, Ausschnitt.

Unten: Werbung für das Elysée Palace Hôtel, 1911.

Seiten 188/189: Teestunde in der Halle des Elysée Palace, um 1900. Dieses Grandhotel, das 1898 von der Compagnie des Wagons-Lits eröffnet worden war, bot technische Neuerungen wie den Herzog-Teleseme, einen elektrischen Apparat, auf den man nur zu drücken brauchte, wenn man eine englische Zeitung, einen Cocktail, einen Besuch des Friseurs oder Zigaretten wünschte.

Zum letzten Mal in Paris, richteten wir uns inmitten der verblichenen Größe des Hôtel Majestic ein. Wir gingen in die Ausstellung und ließen unserer Fantasie vor goldglänzenden Faksimiles von Bali freien Lauf. Einsame, überflutete Reisfelder und einsame, ferne Inseln erzählten uns eine unveränderliche Geschichte von Arbeit und Tod. Das Nebeneinander so vieler Repliken so vieler Kulturen war verwirrend und deprimierend.

Zelda und F. Scott Fitzgerald, 1931

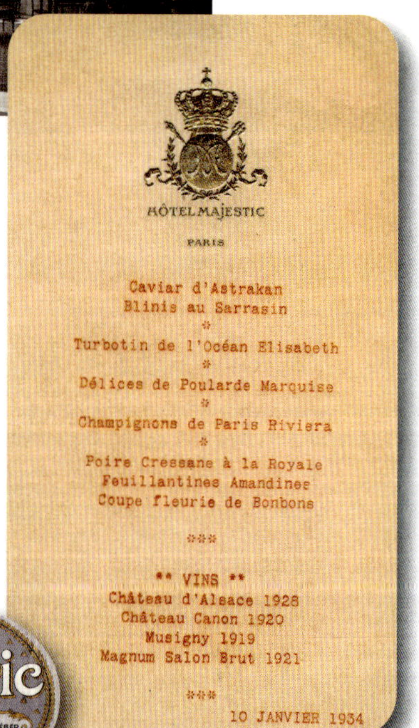

HÔTEL MAJESTIC

PARIS

Caviar d'Astrakan
Blinis au Sarrasin
*
Turbotin de l'Océan Elisabeth
*
Délices de Poularde Marquise
*
Champignons de Paris Riviera
*
Poire Cressane à la Royale
Feuillantines Amandines
Coupe fleurie de Bonbons

***

** VINS **
Château d'Alsace 1928
Château Canon 1920
Musigny 1919
Magnum Salon Brut 1921

***

10 JANVIER 1934

Oben: Innenräume des Hôtel Majestic, das demnächst wiedereröffnet wird; *links:* das Restaurant im Louis-seize-Stil; *rechts:* ein Badezimmer. Die Badewanne stammt aus dem Palais der spanischen Königin, das 1905 zum Majestic umgebaut wird. Am 18. Mai 1922 lädt das englische Mäzenenpaar Violet und Sydney Schiff hier anlässlich der Premiere von Strawinskys Ballettoper *Reineke Fuchs* zum Diner ein. Richard Davenport-Hines zeichnet in seinem Buch *Proust au Majestic* ein Porträt des Schriftstellers, den die Schiffs bewunderten. »Zwischen zwei und drei Uhr morgens erschien eine elegante, klein gewachsene Person, mit einem raffinierten schwarzen Tuch weniger bekleidet als umhüllt, sie trug weiße Handschuhe aus Ziegenleder …« Georges Simenon machte das Hotel 1942 zum Schauplatz eines seiner Kriminalromane. In *Maigret und die Keller des Majestic* fällt die Gattin eines amerikanischen Industriellen im Umkleideraum des Personals tot aus einem Spind.
Links: Speisekarte des Majestic.
Rechte Seite: Lithografie vom Dachgarten im Majestic (1908), wo »man bald die ersten Flugzeuge landen sieht, die über Paris fliegen werden!«.
Links: die Rezeption des Hotels Raphaël, 1925. »Das vertraulichste der Pariser Luxushotels« empfängt seine Gäste noch immer in der Avenue Kléber in einer ganz mit altem Nussbaum vertäfelten und mit Gold verzierten Halle, die von einem Gemälde von Turner beherrscht wird.
Als Faksimile: Werbeprospekt des Elysée Palace Hôtel, um 1900.

Le Roof Garden

HOTEL MAJESTIC
PARIS

Oben: das Restaurant Maison Prunier an der Ecke Avenue Victor-Hugo und Rue Traktir. Emile Prunier, bereits als Inhaber des Lokals in der Rue Duphot nahe der Madeleine bekannt, betrieb hier seit 1924 ein zweites Restaurant. Wie das erste gilt auch die neue Lokalität bald als eine der bevorzugten Adressen für alle Liebhaber von Kaviar – seinem Spitzenprodukt – und Meeresfrüchten. Es dauert nicht lange, und in Dieppe wird ein eigener Trawler zur alleinigen Versorgung des Hauses ausgerüstet!

Links und rechte Seite: Das Art-déco-Interieur des Saals im Erdgeschoss hat seine Eleganz bewahrt und ist immer noch erstaunlich modern. Der Mosaikfußboden, die Wand- und Bartäfelung mit Blattgoldeinlagen, die Marmoreinschlüsse, die ziselierten Gläser, die glitzernden Leuchter, die Friese, Basreliefs und Kunstschmiedearbeiten verblüffen den Gast stets aufs Neue.

Seiten 196/197: Ausflügler im Bois du Boulogne steigen in ihr Cook-Automobil ein, 1906. In der Belle Epoque organisierte die Reiseagentur Cook außer der Reise und Unterbringung ihrer Kunden auch Führungen durch die Hauptstadt mit eigenen Fahrzeugen.

Selbstverständlich fuhren wir im Bois de Boulogne spazieren, diesem grenzenlosen Park mit seinen Wäldern, Teichen, Wasserfällen und breiten Alleen. (...) Ich werde den Bois de Boulogne nicht beschreiben. Ich kann es nicht. Es ist einfach eine schöne, gepflegte, endlose, wunderbare Wildnis. Es ist ein bezaubernder Ort. Er liegt jetzt in Paris, kann man sagen, aber ein verfallendes altes Kreuz in einem seiner Reviere erinnert noch daran, dass es nicht immer so war. (...) Hier in diesem Park hat jener Bursche mit dem unaussprechlichen Namen im vergangenen Frühjahr mit einer Pistole das Attentat auf den russischen Zaren verübt. Die Kugel traf einen Baum. (...) Die nächsten 800 Jahre lang werden die Fremdenführer ihn den Besuchern zeigen, und wenn er verfault und umfällt, werden sie einen anderen dort hinsetzen und mit derselben alten Geschichte in gewohnter Weise fortfahren.

Mark Twain, 1867

Oben: die Avenue du Bois de Boulogne (heute Avenue Foch) am Rande des Parks, Photochrom, um 1900.
Links: Ansichtskarten aus der Belle Epoque: Zeit für den Aperitif im Pavillon d'Armenonville *(oben); unten* das Zebragespann, das durch die Alleen des Jardin d'acclimatation fuhr, damals ein beliebter botanischer und zoologischer Garten!
Rechte Seite: die Eingangshalle des Luxusrestaurants Pré Catelan (Foto von 1905). Es wurde mitten im Bois de Boulogne in einem exquisiten neoklassizistischen Stil erbaut, der sich an dem der Lustschlösschen des 18. Jahrhunderts orientiert. In der Belle Epoque war *le Bois* mit seinen Nobelrestaurants – vor allem dem Pré Catelan und Pavillon d'Armenonville – ein gesellschaftlicher Treffpunkt. »Die vornehme und elegante Welt«, heißt es im *Baedeker Paris* von 1900, »pflegt vor dem Diner in feiner Toilette hier eine Rundfahrt zu machen. Die prächtigsten Equipagen und Pferde, einfache Mietwagen und Fahrräder drängen sich dann in dichten Reihen neben- und durcheinander, vielfach so eng, dass jede schnellere Bewegung als Schritt ausgeschlossen ist.« Und Alfred Kerr, um Mitternacht im Bois de Boulogne unterwegs, beobachtet: »Kutschen. Die Insassinnen flitzen vorüber; die Nase behält ein Erinnern, in aller Eile; wieder peau d'Espagne? Ein Duft wie ein verschwebtes Gedenken. Die Ahnung von etwas Leichtem: leichtes Auffliegen zarter Spitzen; Seidenband; (...) und ein paar Worte wie ferne Walzermusik.«

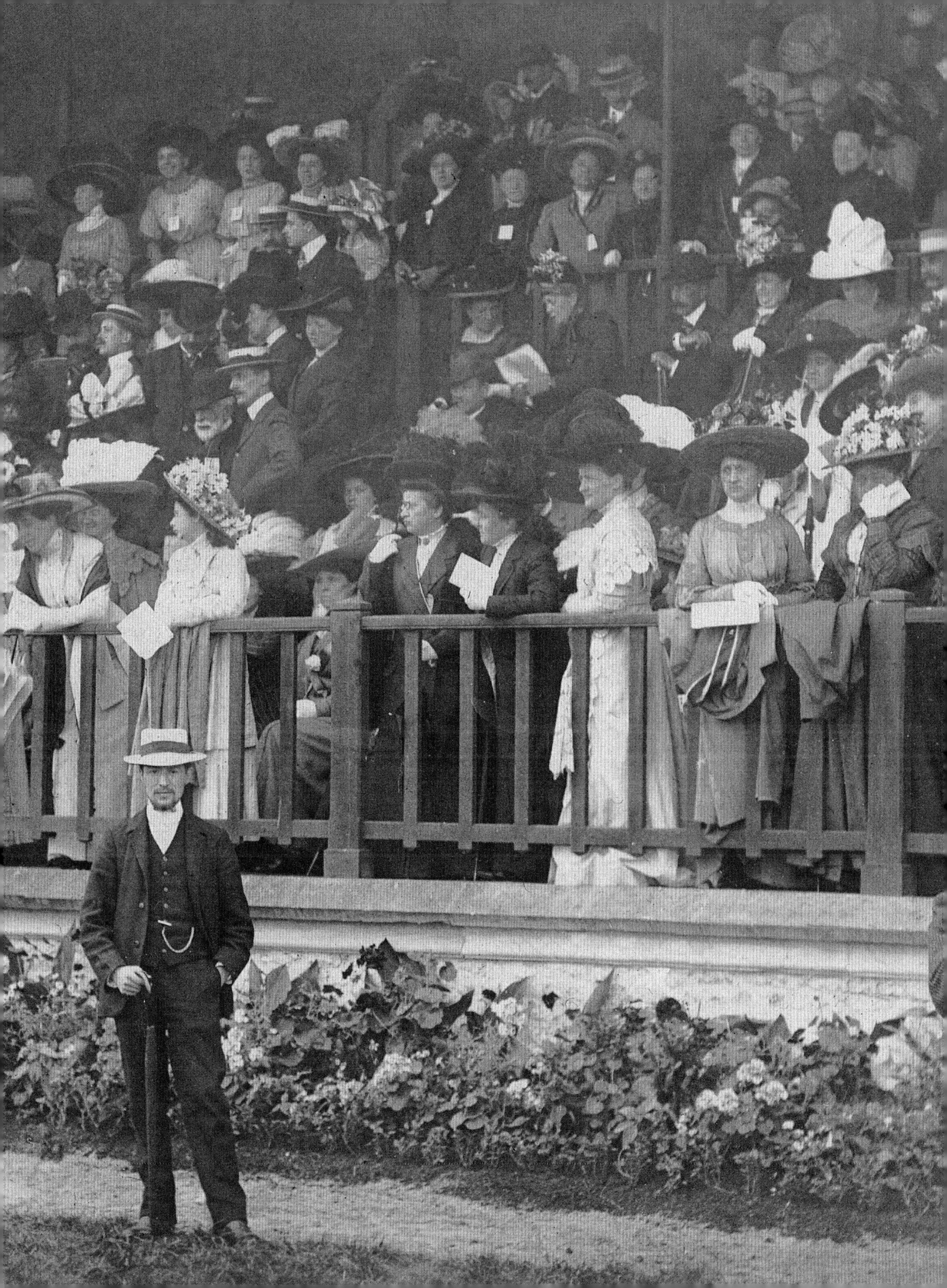

Das Bois de Boulogne, meist kurz *le Bois* genannt, ist der Rest des großen Waldes von Rouvray, der einst die ganze Seinehalbinsel bedeckte. Ringsum lagen einige kgl. Lustschlösser und die Abtei Longchamp. Doch blieb der Wald in verwildertem Zustande, bis er 1853 der Stadt Paris überlassen wurde, die ihn mit einem Kostenaufwand von 5,5 Millionen fr. zu einem Park im englischen Stil mit großen Rasenflächen, Seen, Wasserfällen und Hügeln umwandelte. Seine Ausdehnung beträgt 84 ha. Er ist die Lieblingspromenade der Pariser und besonders nachmittags von drei oder vier Uhr an belebt, je nach Jahreszeit.

Karl Baedeker, 1923

BOIS DE BOULOGNE

Seiten 200/201: auf der Tribüne einer Pariser Pferderennbahn, um 1900. Die Habitués der Pferderennen sind stets nach der allerneuesten Mode gekleidet und die Rennen ein wahrer Wettstreit an Eleganz. Der Modeschöpfer Paul Poiret war regelmäßiger Besucher der Rennen von Longchamp. Mit erfahrenem Blick betrachtete er die glänzenden Toiletten der Damenwelt und ließ sich davon inspirieren. *Oben:* Spaziergänger vor dem Springbrunnen im Bois de Boulogne, Stereoskopbild, um 1906. »Der obere See wird von einem Springbrunnen gespeist. Lustwandler können über kleine, schattige Pfade, die sich über die Rasenfläche schlängeln, ans Seeufer gelangen und ihn aus der Nähe betrachten.« (*Le Magasin pittoresque*, 1859).

Links: der See und das Chalet des Iles, 1910. Als Geschenk Napoleons III. an Kaiserin Eugénie wurde das Chalet aus der Schweiz nach Paris gebracht und auf dieser kleinen Insel im Bois de Boulogne wieder aufgebaut. 1910 brannte es ab und wurde mehrmals restauriert. Ein Bootsführer bringt wie früher die Besucher hinüber. *Rechte Seite:* das Restaurant La Grande Cascade heute. Napoleon III. hatte sich für seine Zwischenstopps im Bois einen Pavillon unterhalb des großen Springbrunnens in der Nähe der Pferderennbahn von Longchamp reserviert; dieses kaiserliche Absteigequartier wurde anlässlich der Weltausstellung 1900 in ein Restaurant umgewandelt.

Das linke Seineufer

Von Jardin des Plantes bis Denfert-Rochereau

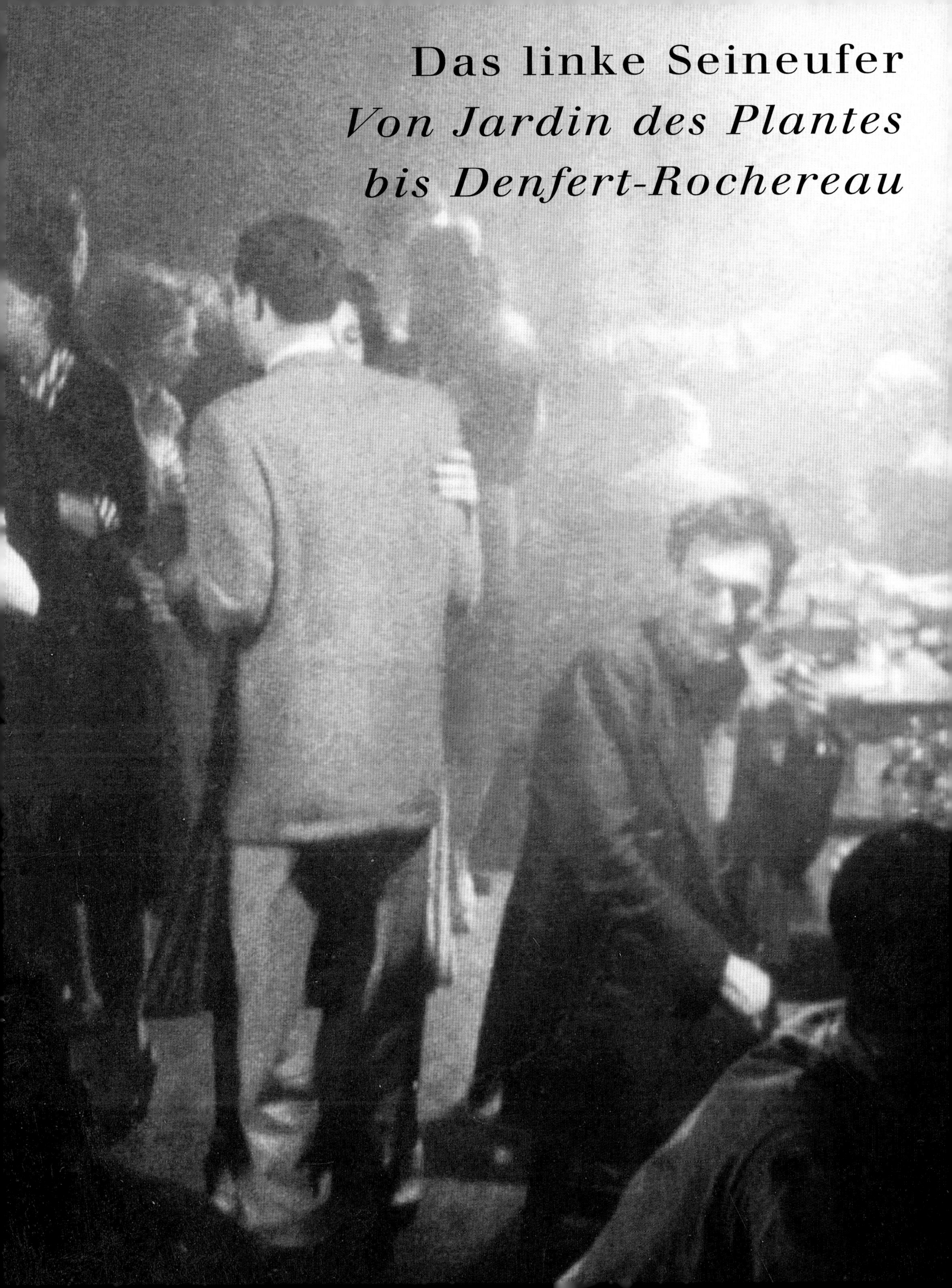

1- Gare d'Austerlitz
2- Jardin des plantes
3- Grande Mosquée
4- Arènes de Lutèce
5- Rue Mouffetard
6- Panthéon
7- Musée de Cluny
8- Place Saint-Michel
9- Quai de Montebello
10- Quai de la Tournelle
11- La Tour d'Argent
12- Rue de la Bûcherie
13- Shakespeare&Co
14- Petit Pont
15- Pont des Arts
16- Quai Malaquais
17- École des Beaux-Arts
18- Gare d'Orsay
19- Brasserie Lipp
20- Les Deux Magots
21- Hôtel Lutetia
22- Le Bon Marché
23- La Pagode
24- Place Saint-Sulpice
25- Théâtre de l'Odéon
26- Palais du Luxembourg
27- Jardin du Luxembourg
28- Fontaine de Carpeaux
29- Closerie des Lilas
30- Bal Bullier
31- La Rotonde
32- La Boule Blanche
33- Le Dôme
34- La Coupole
35- Gare Montparnasse
36- Chez Chartier
37- Chez Joséphine
38- Musée Bourdelle
39- Denfert-Rochereau
40- Les Catacombes

Es ist kein Zufall, wenn das Viertel Montparnasse Anfang des 20. Jahrhunderts zur Künstlerkolonie wird. Da es südlich der Mauer der Generalsteuerpächter liegt, ist es von der Verbrauchssteuer auf Wein befreit, sodass sich zahlreiche Kabaretts dort ansiedeln. »Da ist Montparnasse. Für die Maler und Literaten ist es das geworden, was Montmartre für sie vor 15 Jahren war: das Asyl der schönen, freien Unkompliziertheit«, schreibt Guillaume Apollinaire in seinem 1920 erschienenen Roman *Die sitzende Frau*. Aus der ganzen Welt kommen Künstler wie Archipenko, Brancusi, Chagall, Foujita, Giacometti, Modigliani, Soutine, van Dongen, Zadkine ins »Zentrum der Welt«, finden in den Avantgarde-Zirkeln freundschaftliche Aufnahme und treten im Umkreis von Gauguin oder Matisse in einen kreativen Wettstreit. Der produktivste von ihnen, Picasso, nutzt die Eröffnung des Boulevard Raspail 1907 und der Metrolinie Nord-Süd (zwischen Porte de Clignancourt und Porte d'Orléans) 1908 und wechselt von den Ateliers und B.B.B.B. des Montmartre – den »Bars, Bordellen, Bällen, Bühnen«, um mit den Worten Pierre Mac Orlans zu sprechen – zu denen des Montparnasse über. Die »Montparnos« schrieben damals an den Tischen der Cafés de la Closerie des Lilas (1847 eröffnet), du Dôme (1905), de la Rotonde (1911) oder La Coupole (1927) wichtige Seiten der Kunstgeschichte.

Diese kosmopolitische Bohème trug zum Erwachen des linken Seineufers bei, das lange im Schatten seiner »großen Schwester zur Rechten« gestanden hatte. Rasch machten in der Zeit zwischen den Weltkriegen die amerikanischen Schriftsteller die 1925 eröffnete Brasserie Le Select zu ihrem Treffpunkt. Die kleine, aber umtriebige amerikanische Kolonie, die Leute wie Fitzgerald, Hemingway, Dos Passos, Miller, Nin, Pound, Gertrude Stein und Djuna Barnes versammelte, machte ihre literarisch-touristischen Ausflüge in den *far West* von Paris und schwirrte von Schankwirtschaften zu Bierhallen mit der unvermeidlichen Party im Visier. So entdeckten sie 1923 das Jockey. In diesem ersten Nachtlokal der Hauptstadt sang Kiki de Montparnasse – Man Ray machte sie 1928 in seinem Kurzfilm *Der Seestern* unsterblich. Hemingway sagte von ihr, sie habe die Ära des Montparnasse stärker dominiert als Königin Viktoria je das Viktorianische Zeitalter. Kiki erinnert sich: »Wir haben ein ganz kleines Lokal eingeweiht, das fröhlich zu sein verspricht. Es ist das Jockey, weil Henry Miller, der sich dafür

Oben: das Procope in der Rue de l'Ancienne-Comédie. Das älteste Café von Paris – und das erste Literaturcafé – wurde 1675 in der Rue de Tournon eröffnet. *Links:* Verlaine im Café, wahrscheinlich im Procope, 1891.

Rechts: die ehemalige Rue de l'Ecole-de-Médecine an der Ecke zur Rue Larrey, 1866. *Unten:* Bouquinist am Quai de Montebello, Stereoskopaufnahme, 1902. *Seiten 204/205:* das Tabou, ein Kellerlokal in Saint-Germain-des-Prés 1947, unter den Tänzern ist Juliette Gréco.

Oben: die Terrasse der Brasserie Lipp, Werbekarte, 1940er-Jahre. *Rechts:* Jules Pascin im Dôme, Foto von 1929. Der Maler, den Hemingway in *Paris – ein Fest fürs Leben* so liebevoll schilderte, beging im Jahr darauf Selbstmord. *Unten:* der Brunnen auf der Place Saint-Sulpice, Ansichtskarte, 1908. *Seiten 208/209:* Blick auf die Dächer des 5. Arrondissements von Paris. Im Vordergrund die Ecke Rue Laplace und Rue Vallette.

interessiert, Jockey ist. (...) Die Wände sind dort tapeziert mit Plakaten, eines ungewöhnlicher als das andere, und jeden Abend kommt man zusammen wie in der Familie. Man trinkt viel, alle sind fröhlich. Ganz Paris kommt und amüsiert sich im Jockey.«

Doch das Fest geht nicht immer gut aus ... Kiki, die Muse der Künstler, stürzte sich in den Alkohol. Maler wie Jules Pascin, auch »Prinz des Montparnasse« genannt, und der große Modigliani verfielen ihm ebenfalls. Trotz allem zogen die warmen Nächte unerschrockene Nachtschwärmer von nah und fern an: »Neben der Mehrheit der kleinen Börsenspekulanten«, so Delphi Fabrice 1907 in *L'Opium de Paris*, »trifft man hier auch deutsche Baroninnen mit Hakennase, russische Fürstinnen, die manchmal Theosophinnen sind, englische Misses wie von Burne-Jones gemalt (...). Und als Bindemittel für diese Mayonnaise, als Geschmackszutat zwischen der Finanzwelt und dem Kosmopolitentum, die unvermeidlichen walachischen Fürsten und italienischen Grafen mit weichen Gesten und Gazellenaugen.« Bevor sich Hemingway selbst den bekannten Exzessen ergab, war er einer der genauesten Beobachter dieses Milieus. In *Paris – ein Fest fürs Leben* schreibt er über die Jahre 1921 bis 1926, in denen er in einem schlecht beheizten Zimmer in der Rue Mouffetard sein Schriftstellertalent formte. »Meiner abendlichen Tugend voll«, so erzählt er, »ging ich an der Kollektion der Rotonde-Insassen vorbei, verachtete Laster und Herdeninstinkt und überquerte den Boulevard zum *Dôme*. Das *Dôme* war auch überfüllt (...). Dort gab es Modelle, die gearbeitet hatten, und dort gab es Maler, die gearbeitet hatten, bis das Licht schwand, und dort gab es Schriftsteller, die ihr Tageswerk wohl oder übel beendet hatten, und dort gab es Säufer und Typen, von denen ich manche kannte, und manche waren auch nur Dekoration. Ich ging hinüber und setzte mich an einen Tisch (...). ›*Une demi-blonde*‹, sagte ich zu dem Kellner. – ›Nimm einen Whisky. Ich habe Geld.‹ – ›Ich mag Bier.‹ – ›Wenn du wirklich gern Bier trinkst, wärst du bei ›*Lipps*‹.«

Stoßen wir also die Drehtür der »Lipp'schen« Institution auf, wo die schwarz-weiß gekleideten Kellner die Niemande und Touristen in die »Hölle« dirigieren – wie das erste Stockwerk der Brasserie genannt wird; die anderen, Stammgäste und Berühmtheiten, dürfen im »Paradies« oder »Aquarium«, dem Erdgeschoss, auf Bänken aus rissigem Moleskin Platz nehmen. Nur selten begehen die Kellner mit ihren geübten Augen einen Irrtum, doch einer, und zwar ein schwerwiegender, geschah: Niemand hat je den Tag vergessen, als keiner den belgischen König erkannte, der auf die Etage der Namenlosen verbannt wurde …

Namenlos in einem mythischen Paris – das ist der ganze Luxus, den Saint-Germain-des-Prés dem unbedeutendsten seiner Besucher bietet. Der Reisende, darauf gefasst, in Paris die übelriechenden Gase der Großstadt einatmen zu müssen, sieht sich mitten in ein charmantes Pariser Dorf versetzt. Allerdings ist es eher schick als volkstümlich und wird vom Glockenturm der Kirche Saint-Germain bewacht, die als die älteste von Paris gilt. Ein Viertel, das zu jeder Zeit von kreativen Köpfen, feierfreudigen Gemütern und aufrührerischen Geistern belebt worden ist. Das berühmte Procope, seit 1686 am heutigen Standort, wurde bereits von literarischen Genies wie Rousseau und Voltaire, Diderot und D'Alembert frequentiert, die nichts gegen »Vergnügungsmenüs« einzuwenden hatten – war es nicht im Procope, wie Auguste Lepage 1882 schreibt, wo »die Pariser zum ersten Mal Eis speisten?«.

Wie Montparnasse, von dem es eine Art Alter Ego ist, zeichnet sich Saint-Germain-des-Prés damals wie heute durch ein intensives Nachtleben aus, verbunden mit seinem literarischen und künstlerischen Tatendrang. Im berühmten Café de Flore gründet Apollinaire 1912 die literarische Zeitschrift *Les soirées de Paris* und erfindet 1917 das Wort »Surrealismus«. Ein gewisser Jean-Paul Sartre und Simone de Beauvoir lassen sich im Café häuslich nieder. Es wird zum Treffpunkt der Existentialisten, dieser seltsamen Leutchen mit »Sartre auf den Zähnen« – wie eine nette Wandkritzelei im WC der Bar Vert in der Rue Jacob meinte. In der Bar Vert berauschen sich in den 1940er-Jahren die Zazous – der Name kommt von Cab Calloways *Zah, Zuh, Zaz* – an Swingmusik. Manche Touristen, die auf der Suche nach dem Flair jener Epoche sind, erwarten dieses Saint-Germain noch heute vorzufinden. Sie scheuen keine Kosten, um an Tischen Platz zu nehmen, an denen so viele Schriftsteller inmitten all der Gläser ihre Gedichte und Romane schrieben und zum Mythos des Künstlers in Paris beitrugen, der am linken Seineufer das Leben genoss wie ein Fest.

Rechts: Werbeprospekt für das Café Aux Deux Magots, 1960er-Jahre. Verlaine, die Surrealisten, Gide, Mauriac, Giacometti, Picasso, Le Corbusier, Giraudoux, Djuna Barnes: Allen war das Deux Magots eine Heimat.
Oben: Rock'n'Roll im Vieux Colombier, 1950er-Jahre.
Ganz rechts: Programm für *La Revue de Bobino*, ein Stück in zwei Akten und 26 Bildern, 1939.

Es war Anfang November. (...) Eine Menschenmenge war im Jardin des Plantes unterwegs, stieg zum Labyrinth hinauf, bunt gemischt, kosmopolitisch, Leute aus Paris, der Provinz und dem Ausland, die dieser volkstümliche Treffpunkt versammelt. Da war zunächst eine klassische Gruppe Engländer und Engländerinnen mit braunen Schleiern, blauen Brillen. (...) Ein Stück weiter hinten ging ein Assistenzarzt der Pitié mit Schirmmütze, ein Buch und ein Notizheft unter dem Arm. Und fast neben ihm, auf gleicher Höhe, trug ein heimkehrender Arbeiter im Gehrock, der soeben auf dem Montparnasse einen Kameraden begraben hatte, von der Beerdigung noch drei Strohblumen im Knopfloch. (...) An der berühmten Libanonzeder angekommen, zeigte der Engländer den Baum, ohne ihn anzusehen, den Misses im Reiseführer; und die Kolonne, die einen Augenblick angehalten hatte, setzte sich wieder in Marsch und erklomm den steilen Weg zum Labyrinth. Von oben kamen Kinderreifen gerollt, die aus Fassreifen hergestellt worden waren.

Edmond und Jules de Goncourt, 1876

Links: die Gare d'Austerlitz, um 1930. 1840, bei der Eröffnung der Bahnlinie Paris-Juvisy, die man 1943 bis Orléans verlängerte, wurde ein erster Bahnsteig in Betrieb genommen. Das Gebäude stammt von 1870. *Unten:* das Affenhaus im Jardin des Plantes, um 1900. »Die Lieblinge der Menge sind die Affen. Seit 1836 leben sie in einem Außengehege«, schreibt 1890 Auguste Vitu. »Doch es ist unvernünftig, sich ohne Vorsicht heranzuwagen: Die Gemeinschaft der Affen gehört nicht zu den empfehlenswertesten Schichten der Gesellschaft.« 1739 wurde der berühmte Naturforscher Buffon Direktor des damaligen Jardin de Roi, den er zu einem führenden Forschungszentrum machte. *Rechte Seite:* der Gipsabguss des Diplodocus, den der Industriemagnat Andrew Carnegie 1904 dem Pariser Museum für Naturgeschichte übergab; in der Mitte der Direktor des Carnegie Museum of Natural History in Pittsburgh, wo das Originalskelett steht. Die Saurierart *Diplodocus carnegiei* ist nach Carnegie bekannt, der die Ausgrabungen mit Begeisterung finanzierte sowie elf Abgüsse an europäische Museen schenkte, unter anderem an das Berliner Naturkundemuseum.

Sehr geehrter Herr Stadtratsvorsitzender, es ist nicht möglich, dass Paris, die Stadt der Zukunft, auf den lebenden Beweis verzichtet, dass es die Stadt der Vergangenheit gewesen ist. Die Vergangenheit bringt die Zukunft herbei. Die Arena ist das antike Kennzeichen der Großstadt. Sie ist ein einzigartiges Monument. Der Stadtrat, der sie zerstört, würde sich in gewisser Weise selbst zerstören. Erhalten Sie die Arena von Lutetia. Erhalten Sie sie um jeden Preis. Sie werden ein nützliches Werk tun, und, was mehr wert ist, Sie werden ein großes Beispiel geben.

Victor Hugo, 1883

Oben: Ruheraum im Hamam der Großen Moschee. »Wenn das Minarett steht, das Sie bauen werden, steigt zum schönen Himmel der Ile-de-France ein weiteres Gebet auf, und die katholischen Türme von Notre-Dame werden nicht neidisch sein« – mit diesen Worten weihte Marschall Lyautey 1922 das islamische Institut für Religionswissenschaften in der Moschee ein.

Links: das Restaurant in der Großen Moschee von Paris. »Seien Sie, oh Besucher, der Erfüllung all Ihrer Wünsche versichert«, ist links vom Eingangsportal der Moschee an der Place du Puits-de-l'Ermite an der Wand zu lesen.

Rundes Bild: die Arena von Lutetia. Das Amphitheater, das annähernd so groß wie das Kolosseum war und Kampfspielen sowie Theateraufführungen diente, fasste rund 17000 Zuschauer. Es wurde 1869 wiederentdeckt, als an der Stelle ein Busdepot gebaut werden sollte. Im Juli appellierte Victor Hugo in einem offenen Brief an den Stadtrat, alles für den Erhalt der Arena zu tun, woraufhin man die Ruinen unter Denkmalschutz stellte. 1916 wurde das Busdepot abgerissen und die Arena weitgehend restauriert.

Seiten 216/217: die Rue Mouffetard, Stereoskopbild, um 1911. »Da wohnen ganz kleine Leute – Handwerker, Kleideraufkäufer, Althändler, Gott weiß, wo sie da alle wohnen. Da gibt es ein Restaurant, in dem bezahlt man zwei Sous, und dann darf man mit einer mitgebrachten Holzgabel auf gut Glück in einem Kessel umherfischen, in dem die noch einmal aufgekochten Abfälle aus den großen Restaurants schmoren ... Eine Art Esslotterie«, berichtet Kurt Tucholsky 1924. Die »Mouf«, wie man sie heute nennt, ist eine der malerischsten Straßen von Paris.

134
FABRIQUE D'ARTICLES FUNERAIRES
VINAY
MAISON
BOULANGERIE
PATISSERIE
ST MEDARD

6
CORBEILLES
HORLOGERIE
BIJOUTERIE
VINS
VINS & LIQUEURS
MERCERIE
VIN

AUX GRANDS HOMMES LA PATRIE RECONNAISSANTE

In den vollgedrängten Studentenrestaurants des Quartier Latin bekam man für ein paar Sous die leckersten Nichtigkeiten vor und nach seinem saftigen Beefsteak und noch dazu roten oder weißen Wein und eine baumlange Stange köstlichen Weißbrots. Man konnte gekleidet sein, wie es einem beliebte; die Studenten promenierten mit ihren koketten Baretts über den Boulevard Saint-Michel, die »rapins« wiederum, die Maler, machten sich pastos mit breiten Riesenpilzen von Hüten und romantischen schwarzen Samtjacken, die Arbeiter wanderten unbesorgt in ihren blauen Blusen oder hemdärmelig über den vornehmsten Boulevard, die Ammen in ihren breitgefältelten bretonischen Hauben, die Weinschenker in ihren blauen Schürzen. Es mußte ja nicht gerade der vierzehnte Juli sein, daß nach Mitternacht ein paar junge Paare auf der Straße zu tanzen begannen, und der Polizist lachte dazu: Die Straße gehörte doch jedem!

Stefan Zweig, 1944

Linke Seite: das Panthéon, Photochrom, 1890. Das »französische Westminster« wurde Ende des 18. Jahrhunderts auf dem höchsten Punkt der Montagne Sainte-Geneviève errichtet und war 100 Jahre lang das erste Bauwerk, das der Besucher bei seiner Ankunft in Paris sah. Es bot überdies den schönsten Ausblick (der Eiffelturm wurde erst 1889 fertiggestellt und Sacré-Cœur 1910); über eine Treppe mit 425 Stufen gelangten die Besucher auf einen ringförmigen Balkon um den obersten Teil der Kuppel. Die sterblichen Überreste von Voltaire, Rousseau, Hugo und Zola ruhen im Panthéon.
Oben: Blick auf das große Flachbogentor des Hôtel de Cluny, Photochrom, 1890. Das am Ende des 15. Jahrhunderts erbaute Stadtpalais wurde 1843 in ein Museum umgewandelt. »Der Künstler und der Schaulustige haben in Paris eine Zuflucht, an deren Schwelle alle Geräusche der Großstadt ersterben, einen Rückzugsort, an dem sie (...) für eine Stunde das Leben der Vergangenheit wiederaufleben lassen können« – so 1867 der Kunstkritiker Paul Mantz.
Rechts: ein seltenes Bild: die Fontaine Saint-Michel im gefrorenen Zustand, um 1910. Sie wurde 1860 von Gabriel Davioud als Abschluss des Boulevard Saint-Michel zur Seine hin errichtet und ist einer der beliebtesten Treffpunkte der Pariser und Touristen. »Der Brunnen ist wundervoll, der heilige Michael muss entzückt sein! Diese Wasserarchitektur ist wahrhaftig elegant!«, meint Lemercier de Neuville in seinem 1861 aufgeführten Stück *Les Tourniquets*.
Seiten 220/221: die Rue de la Bûcherie, um 1900. Der Straßenname kommt daher, dass sich in der Nähe, am Quai Saint-Bernard und am Quai de la Tournelle, der alte Port aux Bûches (»Holzscheithafen«) befand, zu einer Zeit, als in Paris noch ausschließlich mit Holz geheizt wurde.

HÔTEL DU BON
CAFE BILLARD
VINS RE
CHAMBRES CABINETS
BILLARD

IEU
RANT
STAURANT
ABSINTHE SUISSE
PONTARLIER
20c
CAFÉ MOKA
10c
15c
10
15 20
10 15
15 20
MAISON E LAVENAT
MAISON E LAVENAT
LIQUEURS DE MARQUES

COMPANY

WHILE THY BOOKE DOTH LIVE
AND PRAISE TO GIVE

Linke Seite oben: die Place du Petit-Pont an der Ecke des Quai de Montebello, um 1900. Ein Pferdewagen fährt über den Petit Pont, die kürzeste Brücke von Paris (40 Meter), aber sicherlich eine der meistbenutzten, auf das Hôtel-Dieu und Notre-Dame zu.
Unten: Sylvia Beach, eine der intellektuellen »Left-Bank-Frauen« und Verlegerin der Erstausgabe des *Ulysses*, vor ihrem Buchladen Shakespeare and Company (*als Vignette:* das Aushängeschild des Buchladens), den sie 1921 von der Rue Dupytren in die Rue de l'Odéon Nr. 12 verlegte. Shakespeare and Company, das auch als Leihbücherei für Werke der angloamerikanischen Avantgarde fungierte, war Treffpunkt der kosmopolitischen literarischen Szene von Paris. Rechts im Bild Hemingway, der »fast jeden Morgen bei Shakespeare and Company in einer Ecke saß und Zeitschriften oder ein anderes Buch las«. Es ist März 1928. »Hem« trägt einen Verband um den Kopf – er wurde von einer herunterfallenden Klospülung verletzt!
Rechts: der Pont de la Tournelle im Bau, 1924/28. Der Pylon wird von einer Statue der heiligen Genoveva von Paris gekrönt. Hafen und Quai verdanken ihren Namen einem Turm aus dem Mittelalter namens »Tournelle«, der den Zugang nach Paris über die Seine schützte.
Seiten 224/225: der Quai Conti mit den an die Brüstung geketteten Läden der Bouquinisten, 1940er-Jahre. Die für Paris typischen Bouquinisten wurden mit einem Erlass vom 22. Juni 1557 offiziell als »Aussteller« anerkannt. Ab 1891 waren sie nicht mehr verpflichtet, ihre Stände jeden Abend abzubauen.
Als Faksimile: Titelblatt einer amerikanischen Kunstzeitschrift, Lithografie von Louis Rhead, 1890er-Jahre.

Die Entenpresse der Tour d'Argent, Ansichtskarte, 1938. In dem berühmten Restaurant am Quai de la Tournelle gibt es noch immer das Entengericht »Canard Tour d'Argent« nach dem Rezept von Frédéric Delair, im 19. Jahrhundert Besitzer des Hauses.
Mit der Entenpresse wird bei Tisch aus den Enteninnereien eine Sauce zubereitet.

THE QUARTIER LATIN
A MAGAZINE DEVOTED TO THE ARTS
Imp. CHAIX. Paris.
LOUIS RHEAD
Publication artistique de LA PLUME

Beim Gang durch die Strassen von Paris erinnern die Buchläden und Galerien unaufhörlich an das Erbe der Vergangenheit und das Fieber der Gegenwart. Ein zielloser Bummel durch ein kleines Viertel genügt oft, um eine solche Fülle von Gefühlen hervorzurufen, daß man von widerstreitenden Impulsen und Begierden gelähmt wird. In Paris braucht man keine künstlichen Stimulanzien, um kreativ zu sein. Die Atmosphäre ist mit Kreativität aufgeladen. Man muß sich sogar davor hüten, zu sehr stimuliert zu werden. Nach des Tages Arbeit findet man immer Erholung. Sie kostet fast nichts, nur den Preis einer Tasse Kaffee. Einfach dasitzen und das Gedränge der Passanten beobachten, das ist eine in Amerika nahezu unbekannte Form der Erholung.

Henry Miller, um 1930

Rechts: der Ehrenhof der Ecole Nationale des Beaux-Arts, 1951. Die Kunstschule bildet mitten in Saint-Germain-des-Prés ein großes Ensemble, das 1838 von Félix Duban fertiggestellt und in den folgenden Jahren mehrmals erweitert wurde. Im Hintergrund eine korinthische Säule aus Jaspismarmor, gekrönt von einer Bronzestatue der Abundantia, der Göttin des Überflusses.
Linke Seite: das Café La Palette an der Ecke Rue Jacques-Callot und Rue de Seine. In diesem Bistro, dem Treffpunkt der Kunststudenten, fanden sich berühmte Künstler wie Braque, Cézanne, Picasso oder Topor ein, Henry Miller und Jacques Prévert, Sartre und Beauvoir, die eine Zeit lang in derselben Straße im Hôtel La Louisiane wohnten, waren Stammgäste.
Unten: der Quai Malaquais mit Bouquinisten, um 1910.
Als Vignette: Gepäckaufkleber des einstigen Hôtel de Nice in der Rue des Beaux-Arts.
Seiten 228/229: die Gare d'Orléans und der Quai d'Orsay, 1900. Ende des 19. Jahrhunderts ließen die Eisenbahngesellschaften Chemins de fer d'Orléans und Chemins de fer du Sud-Ouest diesen Bahnhof als prestigeträchtige Endstation im Zentrum von Paris bauen. Architekt war Victor Laloux. Dem majestätischen Gebäude angeschlossen ist das Hôtel Terminus auf dem Gelände des Palais d'Orsay (Karte und Aufkleber *als Vignette*); es öffnete seine Tore zur Weltausstellung 1900. Ungewöhnlich ist, dass die Küchen in den obersten Stock verlegt wurden, wo sie vor den Hochwassern der Seine geschützt sind.

PALAIS D'ORSAY
Madame Léon
HÔTEL
DU
PALAIS D'ORSAY
PARIS

LIPP

Zu Lipp's war es nicht weit, und jedes Lokal, an dem ich vorbeikam, das mein Magen ebenso schnell bemerkte wie meine Augen und meine Nase, machte den Weg zu etwas Besonderem und vergrößerte das Vergnügen. Es waren nur wenige Leute in der *brasserie*, und als ich mich auf die Bank setzte, gegen die Wand, mit dem Spiegel im Rücken und dem Tisch vor mir, und der Kellner mich frug, ob ich Bier haben wolle, bestellte ich Kartoffelsalat und ein *distingué*, den großen Glaskrug, der einen Liter fasst. Das Bier war sehr kalt und trank sich wunderbar. Die *pommes à l'huile* waren fest und gut mariniert und das Olivenöl köstlich.

Ernest Hemingway, frühe 1920er-Jahre

Linke Seite: der Eingang der Brasserie Lipp. »Träumen wir einen Traum: Die Drehtür beginnt sich verkehrt herum zu drehen. Wie in einem Film von Chaplin kommen nun im Zeitraffer die Gäste eines erstaunlichen Galadiners heraus ... Hier ist der Dichter Léon-Paul Fargue (...), Ernest Hemingway entsteigt (...) seinem Kriegskorrespondentenjeep, um seinen Cognac-Kanister nachfüllen zu lassen (...), Boris Vian mit Queneau an seiner Seite (...), Jean Seberg am Arm von Romain Gary ...«, Robert Belleret, *Le Monde*, 26. Februar 2005.
Links: Inmitten der unveränderten Einrichtung mit Mosaiken und Spiegeln überall und bemalter Decke bittet ein Schild die Kunden, ihr Handy auszuschalten. Bei Lipp sind Handys verboten, ebenso wie es nicht in Frage kommt, Coca-Cola zu bestellen!
Rechts: das – ausschließlich männliche – Personal in schwarzer Jacke und Weste und langer weißer Schürze, 1940er-Jahre. Der Elsässer Léonard Lipp eröffnete 1880 die Brasserie des bords du Rhin, die ihren Namen einem berühmten Lokal in Straßburg verdankte. Die Gäste sagten aber lieber Lipp, und Marcellin Cazes aus dem Aveyron, der nächste Inhaber, richtete sich 1920 danach.
Als Vignette: Gepäckaufkleber des Hotels Crystal, Rue Saint-Benoît, Saint-Germain-des-Prés.

Seiten 232/233: vor dem Café Aux Deux Magots, 1950er-Jahre. Über 100 Jahre lang war das berühmte Literaturcafé Treffpunkt einer ganzen Intelligenzija. 1885 an der Stelle eines Hutladens oder eines orientalischen Geschäfts eröffnet, ging die Welt der Künste und der Literatur hier ein und aus, angefangen bei Paul Verlaine und Arthur Rimbaud, über Surrealisten um André Breton bis zu den Existenzialisten um Jean-Paul Sartre und Simone de Beauvoir. Picasso lernte hier Dora Maar kennen. Léon-Paul Fargue hielt das Aux Deux Magots, das Flore und die Brasserie Lipp für Institutionen, »die heute ebenso berühmt sind wie Institutionen des Staates« (*Der Wanderer durch Paris*, 1939).

Aux Deux Magots
38

Aux Deu
2008-EG 75

Und unterdessen ist dieses einst so friedsame und fast verlassene Viertel eine lärmige Halle geworden! Als sich das Kaufhaus Bon Marché, das ich bis ins Kleinste kannte, vergrößerte, zog es aus seiner ganzen Umgebung Menschenmengen an; und heute herrscht ein Tohuwabohu an Wagen und Straßenbahnen, ein geschäftiges Hin und Her von Paketen und Frauen. Wenn man die Pforte eines der beiden Klöster durchschreitet, ist es aus: Paris ist nicht mehr; man ist auf dem Land, sehr weit weg; und zu bestimmten Zeiten des Tages dringen der spezielle Anblick, der spezielle Duft nach Provinz und Kloster geradewegs aus dem Inneren der Gebäude hinaus auf die Straße.

Joris-Karl Huysmans, 1902

Links: Plakat des Hotels Lutetia, 1911. Das 200-Zimmer-Luxushotel, das Einzige auf dem linken Seineufer, entstand 1910/12 an der Ecke des Boulevard Raspail und der Rue de Sèvres. Marguerite Boucicaut, die Inhaberin des Warenhauses Bon Marché, ließ es bauen, damit ihre ausländischen Kunden in einem nahen, ihren Ansprüchen genügenden Hotel logieren konnten, wenn sie zum Shopping nach Paris kamen. Lutetia (Eingeweihte verzichten auf den Artikel) ist eines der letzten Zeugnisse des Art-déco-Baustils in der Hauptstadt. Die Fassade, so grandios wie das Innere, stammt von den Bildhauern Léon Binet und Paul Belmondo. Zahlreiche bekannte Persönlichkeiten hielten sich zwischen den beiden Weltkriegen im Lutetia auf: Picasso, Matisse, Gide, Joyce, Saint-Exupéry, Joséphine Baker, Peggy Guggenheim, Alexandra David-Néel, Jean Renoir und auch Albert Cohen, der hier 1935 seinen Roman *Die Schöne des Herrn* schrieb.
Unten links: Ansichtskarte von der Konditorei im Lutetia, um 1910.
Oben: Werbekarten des Bon Marché, um 1900.
Rechte Seite: die Pagode heute. Das Kunst- und Experimentalkino im Stil eines japanischen Tempels, ein herausragendes Beispiel für den Orientalismus im Frankreich des 19. Jahrhunderts, wurde 1895 von Alexandre Marcel für den Direktor des Bon Marché gebaut, der es seiner Frau schenkte und 1931 in ein Kino umgewandelt.

Für mich gab es früher wie heute nur ein Paris, wo man wohnen kann: das linke Seineufer. Außerhalb des Quartier Latin zu leben kommt mir vor, wie nicht mehr in Paris zu leben. Die Seele, die Vergangenheit, das Prestige von Paris ist das linke Seineufer mit seinen fernen Erinnerungen, dem Jardin du Luxembourg, wo so viele Schriftsteller träumten, den Quais, den Bouquinisten, den alten Stadtpalästen, dem Théâtre de l'Odéon, dem Collège de France, der Ecole de Droit, der Sorbonne, Kursen, Vorträgen, Bibliotheken usw. (...) An der Ecke der Rue M. Le Prince und der Rue de l'Odéon stellte Père Monacos Laden seine wunderliche Reklame aus, die auf jedem Gegenstand, alten Gehröcken, berühmten Büsten, Meistergemälden, mit Nadeln festgesteckt war. Die Rue de l'Odéon kündete von der Stille um das Theater, das damals in der Gleichgültigkeit eines unbeweglichen Publikums eingeschlafen war. Der Erfolg des Odéon kam erst nach dem Krieg unter der Direktion Gavaut.

Antoine Albalat, 1930

Oben: das Théâtre de l'Odéon, um 1915. »Es ist von außen ein ganz wunderhübsches Theater. Rundherum hat es Wandelgänge mit Laternchen, und es sieht so altväterisch aus, so gemütlich«, fand Kurt Tucholsky 1925. Als das Schauspielhaus 1782 im neoklassizistischen Stil erbaut wurde, hatte es 1913 Plätze, mehr als jedes andere Pariser Theater. 1784 fand hier die Premiere von Beaumarchais' *Figaros Hochzeit* statt – ein Vorbote der Französischen Revolution, attackiert das Stück doch die Adelsprivilegien. *Oben rechts:* Plakat für Klassikaufführungen im Odéon, um 1900.

Rechte Seite: das Foyer des Théâtre de l'Odéon, Foto, um 1910. Napoleon beauftragte 1807 Jean-François Chalgrin, den Erbauer des Arc de Triomphe, mit dem Wiederaufbau des 1799 abgebrannten Theaters. Chalgrin entwarf das erste Pariser Schauspielhaus im italienischen Stil.

Die Zuschauer saßen im Parkett auf Bänken.
Unten: die Westfassade von Saint-Sulpice, um 1880. Heinrich Heine heiratete hier 1841 seine Mathilde. Georges Pérec nennt die Kirche in seinem Buch *Tentative d'épuisement d'un lieu parisien*: »Es gibt viele Dinge an der Place Saint-Sulpice, beispielsweise: ein Rathaus, ein Finanzamt, ein Polizeikommissariat, drei Cafés, von denen eines in Mode ist, ein Kino, eine Kirche, an der Le Vau, Gittard, Oppenord, Servandoni und Chalgrin gearbeitet haben und die einem Militärgeistlichen unter Chlothar II. geweiht ist, der von 624 bis 644 Bischof von Bourges war und am 17. Januar gefeiert wird ...« Der Komponist Charles-Marie Widor war 64 Jahre lang, von 1870 bis 1934, Titular der berühmten Cliqout-Orgel in dieser Kirche.

.DING VOM GRÜN DER BÄUME und vom Abschiedshauch des Tages. Und enachtstimmung war, lagen die abendlichen Häuserreihen, erleuchtet, denn nitten in der Stadt, in einem bewegten Viertel mit Lichtern, das hundert Stu- Zaun, waren die Lichter in den Essstuben angezündet, aber der Garten sank e lachenden Worte der Werfenden, deren Umriss hell sichtbar blieb, man ver- olden Spießersprache. Bis auch die Letzten froh und still nach Hause gingen;

Alfred Kerr, 1920

Oben: im Jardin du Luxembourg, um 1900. Der Park, der auf Pläne von Salomon de Brosse zurückgeht, den Erbauer des dazugehörigen Palais, wurde im 18. und 19. Jahrhundert etliche Male umgestaltet. Mit seiner Marmorfontäne, den Doppeltreppen und Steinbalustraden erinnert er aber nach wie vor an den Borboli-Garten in Florenz. Auf den 25 Hektar stehen 106 Statuen, darunter eine verkleinerte Nachbildung der Freiheitsstatue. Das Original im Hafen von New York ist ein Entwurf Auguste Bartholdis und Gustave Eiffels.

Linke Seite: die Fontaine des Médicis, um 1930. Maria von Médici, die Mutter Ludwigs XIII., kaufte 1612 Schloss und Garten des Herzogs von Piney-Luxembourg. 1630 ließ sie die Fontäne errichten, die 1864 an ihren jetzigen Standort versetzt wurde.

Oben: das Palais du Luxembourg und der Park, Photochrom, um 1900. Der Palast wurde von 1615 bis 1622 nach dem Vorbild des Palazzo Pitti erbaut, in dem Maria von Médici aufgewachsen war.

Seiten 238/239: der Konferenzsaal des Senats heute. Links von den Sofas im Louis-quatorze-Stil, auf dem monumentalen Kamin, steht eine Büste der Republik. In der Mittelkuppel (oben links) stellte Jean Alaux die Apotheose Napoleons I. dar. Diese Galerie voller Gold, Farben und Licht ist die größte von Paris, zusammen mit der Apollo-Galerie im Louvre, der sie nachempfunden ist.

Seiten 242/243: der von Gabriel Davioud entworfene »Brunnen der vier Erdteile« auf der Place Camille-Jullian in der Mitte der Avenue de l'Observatoire. Der Brunnen, als Gemeinschaftswerk mehrerer Künstler 1874 vollendet, besteht aus einem von Meerespferden, Delfinen und Schildkröten flankierten Sockel mit vier Figuren – Afrika, Amerika, Asien und Europa. Sie tragen einen Globus mit den Sternzeichen.

S. BECKET

MITTLERWEILE HATTE ICH DIE RECHNUNG BEZAHLT UND WAR HINAUSGEGANGEN und bog nach rechts ab und überquerte die Rue de Rennes, um nicht in die *Deux Magots* zu gehen und einen Kaffee zu trinken, und ging die Rue Bonaparte entlang auf dem kürzesten Weg nach Hause. (...) Es gab nur die Wahl zwischen den Straßen, die mich auf dem schnellsten Weg dorthin brachten, wo ich arbeitete. Ich ging die Rue Bonaparte hinauf bis zur Rue Guynemer, dann zur Rue d'Assas und die Rue Notre-Dame-des-Champs hinauf bis zur *Closerie*. Ich saß in einer Ecke, und das nachmittägliche Licht fiel über meine Schulter ein, und ich schrieb in mein Notizbuch. Der Kellner brachte mir einen *café crême*, und ich trank ihn halb aus, nachdem er abgekühlt war, und ließ ihn auf dem Tisch stehen, während ich schrieb.

Ernest Hemingway, frühe 1920er-Jahre

Rechts: Eingang und Terrasse der Closerie des Lilas, um 1930. Die Cafés auf dem Montparnasse erlebten in den Jahren von 1900 bis 1920 ihre Blütezeit; die Closerie ist das dienstälteste von ihnen. Ehemals eine Poststation an der Strecke nach Fontainebleau, die ein Ausflugslokal wurde, verwandelte es sich Ende des 19. Jahrhunderts in ein Literaturcafé. Paul Fort spielte dort Schach mit Lenin; außerdem versammelte er Apollinaire, Dorgelès, Jarry, Maeterlinck oder Verlaine bei den »poetischen Dienstagen«. Später lösten Dos Passos, Joyce, Fitzgerald, Hemingway sie ab. »Hem« schrieb hier seinen ersten Roman, *Fiesta*, der 1926 erschien.
Linke Seite: der Mosaikfußboden, das alte Mahagoni der Tische, das weinrote Leder der Bänke ... die Closerie des Lilas hat nichts von ihrem Charme eingebüßt. An jedem Tisch ist ein Messingschild mit dem Namen desjenigen befestigt, der dort seinen Stammplatz hatte. Man kann sich den Platz von Beckett, Eluard, Giraudoux, Sartre ... aussuchen.
Rechts: der Bal Bullier, um 1900. Das 1847 von François Bullier gegründete Tanzlokal wurde zum Treffpunkt der Studenten und Künstler, etwa Paula Modersohn-Becker oder Robert und Sonia Delaunay. Letztere erschien in ihrem aufsehenerregenden »Simultankleid«, das sie selbst entworfen hatte. Fliederduft wehte herüber – Bullier hatte 1000 Fliederbüsche gepflanzt. Die benachbarte Closerie des Lilas soll nach ihnen benannt sein.

Oben: ein Abend im Trapèze, einem Kabarett am Montparnasse, 1932.
Links: das Dôme, 1920er-Jahre. »Für uns provinzielle Bohemiens aus Südamerika waren Paris, Frankreich, Europa zweihundert Meter und zwei Straßenecken: Montparnasse, die Rotonde, das Dôme, die Coupole …«, erzählt Pablo Neruda 1975.
Rechte Seite, oben: Gisèle in der Boule Blanche, Foto von Brassaï, um 1932; *unten:* Karte der Boule Blanche, 1930er-Jahre. In diesem »kreolischen Kabarett, dem exklusiven Treffpunkt der aus den Kolonien stammenden Bewohner des Montparnasse, pulsierte das Leben«, wie Simenon schrieb. In der Boule Blanche tanzte man Beguine zu den fröhlichen Tönen des Klarinettisten Alexandre Stellio, den klangvollen Riffs des Posaunisten Archange Saint-Hilaire und der rauen Stimme von Léona Gabriel. Am 20. Februar 1931 veranstaltete Simenon hier einen »anthropometrischen Ball«, bei dem sich 1000 Gäste stilvoll in Männer und Frauen aus der Unterwelt verkleideten.
Ganz rechts: die Rotonde, Einladungskarte, 1921. »Ganz gleich, welches Café am Montparnasse man dem Taxichauffeur auch immer nennt, er fährt einen zur Rotonde«, sagt Hemingway.

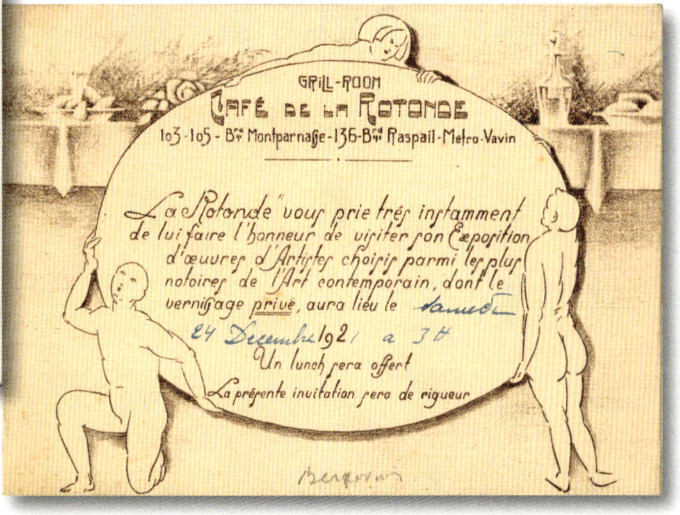

GRILL-ROOM

CAFÉ DE LA ROTONDE

103-105 - Bd Montparnasse - 136 - Bd Raspail - Metro-Vavin

La Rotonde vous prie très instamment de lui faire l'honneur de visiter son Exposition d'œuvres d'Artistes choisis parmi les plus notoires de l'Art contemporain, dont le vernissage privé, aura lieu le samedi 24 Decembre 1921 a 3 h

Un lunch sera offert

La présente invitation sera de rigueur

Seiten 248/249: ein Kostümball am Montparnasse, 1925. Einer der damaligen großen Künstler der Montparnasse-Szene, der aus Japan stammende Maler Foujita, ist mit runder Brille auf der Nase und einer Melone auf dem Kopf in der zweiten Reihe zu sehen.

N

Aber nun schreiben wir 1934. (...) Das Viertel Montparnasse entwickelt sich. Die Rotonde hat die Geburt der Coupole erlebt. In wenigen Monaten erlangte das Neugeborene die Kräfte eines Erwachsenen. Leider ist der Jüngling sogleich ein wenig zu sehr »im Bilde«; er will das Ansehen, das Geld, den Ruhm. Er wird nicht nur zu einem Treffpunkt von Künstlern, einem Treffpunkt von Schriftstellern unter der Führung der »Amis de 1914«, sondern zu einem Treffpunkt von mehr oder weniger bürgerlichen, mehr oder weniger snobistischen »Dinergästen«. Man kommt hierher, um sich auf der hohen Terrasse mit Pergola niederzulassen, am beleuchteten Brunnen; man kommt hierher, um das berühmte »Poulet au Carry« zu kosten und türkischen Kaffee zu trinken, beide von einem Orientalen in prachtvollem Gewand zubereitet und serviert.

Charles Fegdal, 1934

Oben: die Terrasse der Coupole in der Nacht, 1930er-Jahre. »So ein heimlicher Dichter, so ein Maler, der in Bukarest oder in Sevilla Erfolg haben will, muss notwendigerweise, bei der heutigen Lage des Alten Kontinents, ein wenig Militärdienst in der Rotonde oder der Coupole abgeleistet haben, an zwei Akademien des Trottoirs, wo das Bohèmeleben, die Verachtung des Bürgers, der Humor und die Saufografie gelehrt werden« – so Léon-Paul Fargue in *Der Wanderer durch Paris*, 1939.
Linke Seite: zwei der 24 bemalten Pfeiler der Coupole heute. 333 Künstler des Montparnasse wie Chagall, Kisling, Léger oder Vassiliev schufen die Gemälde, in denen die Frau, die Natur und das Fest gefeiert werden. Zur Eröffnung der Coupole (1000 Quadratmeter auf vier Ebenen im Art-déco-Stil) am 20. Dezember 1927 luden René Lafon und Ernest Fraux über 2500 Prominente aus Paris ein; man köpfte 1200 Flaschen Champagner! Zu den Gästen in der berühmten Brasserie am Boulevard Montparnasse zählten Joséphine Baker, Jean Cocteau, Alberto Giacometti, Man Ray, Gertrude Stein, Henry Miller, Lawrence Durrell, Ezra Pound, Jean-Paul Sartre, Samuel Beckett, Françoise Sagan , Gabriel García Márquez ...
Links oben: Titelseite einer Speisekarte mit der Aufschrift »In der Coupole sind auch die Chefs Künstler!«, 21. November 1956; *unten:* zwei Werbefächer aus den 1930er-Jahren.

ETABLISSEMENT

E. CHARTIER

59 Boul^d du Montparnasse — PARIS

TÉLÉPHONE SAXE 14-38

NOTA

COUVERT
PAIN & SERVIETTE COMPRIS
0.20

Les Grillades et Gratins
se commandent d'avance

La Maison ne répond pas de la perte ou de l'échange des Vêtements

On est prié de ne pas fumer
le matin avant 1 heure
le soir avant 8 h. 1/2

Pour toutes réclamations
s'adresser à la Caisse

Prière de ne pas laisser circuler les chiens dans l'Etablissement, ni de les nourrir dans le Matériel de la Maison

Les Repas sans Boisson : 0.10 de supplément

Café 0.20 ; avec liqueurs 0.30
Café Filtre 0.40
Thé 0.30 ; avec liqueurs 0.40

Déjeuner du 1er Mars 1914.

Potages

Vermicelle . . . Consommé 20
Croûte au pot 20. Consommé Colbert 35
Fromage râpé 15. Bifteack en haché 50

Huîtres

portugaises la douzaine 1.00 demi 50 / Citron 30
marennes la douzaine 1.70 demi 85 / demi 15

Hors d'œuvre

Asperges sauce ou à l'huile 75

Museau de bœuf	30	Salade de tomates	40	Salade de betteraves	30
Salade choux rouges	20	filets de harengs	25	Céleri rave remoulade	30
pâté de lièvre maison	60	Sardine à l'huile	20	Rollmopps. Rillettes	25
Andouille de Vire	30	Anchois au beurre	25	Saucisson d'Arles	25
pt maquereau à l'huile	30	Saumon fumé	40	terrine de pâté truffé	25

Poissons

Langouste fraîche mayonnaise	1.25
Éperlans frits	60
Raie au beurre noir	60
Haddock grillé à l'anglaise	60
Sole frite	1.00
filet de lotte aux moules	50
Saumon sauce hollandaise	75
Saumon froid sauce vert	75

Viandes froides

Jambon aux cornichons	60
rosbif sauce verte	40
poulet sauce mayonnaise	1.10
pâté de lièvre de la maison	60
Carré de veau salade russe	60
Gigot sauce remoulade	60

Grillades

Châteaubriands pommes frites 0.75. 1.25. 2.00
Entrecôtes 0.60. 1.00. 1.50

Andouillette garnie	40
Bifteack aux pommes	50
filet de mouton	50

Entrées

Choucroute garnie	60
Côte de bœuf madère et champignons	60
tête de veau à l'huile	60
pieds de mouton sauce poulette	40
Veau sauté Marengo	50
tomate farcie au gratin	40
poulet rôti au cresson	1.10
œuf dur à l'oseille	40
Bifteack aux pommes	50
Cœur de veau braisé aux carottes	50
filet de mouton pommes frites	50
Œufs sur le plat, les deux :	30
Langue de veau sauce tomate	50
Vol au vent toulouse	50
Épaule de pré salé rôtie flageolets	50
Noix de veau rôtie bruxelles	60
Bœuf miroton	30
Gigot de pré salé aux salsifis	60
poulet rôti champignons	1.10
gras double sauté lyonnaise	30
Entrecôte Bercy	60
Rosbif purée de pommes	40
Saucisse de Francfort choucroute	50
tranche de bœuf haricots blancs	30
Omelette au fromage	60
Andouillette grillée aux choux	40
Saucisse fumée pommes frites.	40
filet de porc frais froid salade russe	60

Rôtis

Rosbif	40.	Noix de veau	60
Gigot	60.	poulet cresson	1.10

Légumes

Asperges sauce ou à l'huile	75
Salsifis braisés demi glace	30
tomate farcie au gratin	40
petits pois nouveaux française	40
Choux fleurs sauce ou à l'huile	30
Oseille au jus 25. Salade russe	30
flageolets maître d'hôtel	30
Haricots blancs	20
sauce tomate	25
Cèpes sautés bordelaise	40
Choux braisés	20
pommes frites	20
purée de pommes	20
Bruxelles sautés au beurre	30

Salades

Barbe	25.	Laitue . . .	25
Betteraves	30.	tomates . . .	40
Œuf dur	20.	deux en salade	50

Entremets

parfait . timbale	35
pompadour glacé	35
petits fours assortis	25
Croquettes de riz sabayon	35
crème à la vanille	20
crème au chocolat	20
compote reine claude	30
confitures assorties	25
crème de marrons.	25

Gâteaux

succulent au rhum	40
plum plouvier	30
Babas . . Macarons	25
Biscuits à la cuiller	20
Biscuits de Bordeaux	20
Gaufrettes . Sultane	15
vanillés . pralinés	20
musette . Bourbonnaise	20
paille d'or pt beurre.	20

Fromages

Gervais ou Suisse	25
Demi sel	25
Brie	25
Gruyère	25
Roquefort	25
pont l'évêque	25
Camembert	25
Coulommiers	25
Demi sel . . .	25

Desserts

Poires passe crassane / doyenné d'hiver	50. 75
pomme Calville 50 et	60
pruneaux 30. Orange	25
Dattes 30. Banane	30
marmelade pommes	30
salade d'orange kirsch	50
mendiant	[illegible]
mandarines, les deux :	[illegible]

Oben: das Restaurant Joséphine »Chez Dumonet«, eines der besterhaltenen Bistros aus den Goldenen Zwanzigern. Noch immer besitzt das nostalgische Lokal seinen altmodischen Tresen, den verblichenen Spiegel, die matt gewordenen Gläser, die Holztäfelung und Bänke aus rissigem Leder.
Linke Seite: Speisekarte des Restaurants Chartier am Montparnasse, März 1914. Es gab dort eine breit gefächerte Auswahl, Gerichte zu vernünftigen Preisen: Fadennudelconsommé, Semmelstoppelpilz mit Hühnersauce, Hammelkeule mit Remouladensauce, frische Languste mit Mayonnaise …
Links oben: die Gare Montparnasse 1904. Die beiden Bahnsteige befinden sich unter dem Glasdach zwischen den beiden Flügeln des Gebäudes. Der erste Bahnsteig, damals »Gare de l'Ouest-Rive gauche« genannt, wurde 1840 am Ende der Rue de Rennes gebaut; 1900 kam ein zweiter dazu und 1920 das Bahngebäude. Hier fahren die Züge in den Westen Frankreichs ab. Bretonen, die in der Hauptstadt Arbeit suchten, kamen am Bahnhof Montparnasse an.
Links unten: Autobushaltestelle am Bahnhof Montparnasse, um 1900.
Seiten 254/255: das Atelier des Bildhauers Antoine Bourdelle im heutigen Musée Bourdelle. Bourdelle, zunächst Assistent Rodins und später einflussreicher Lehrer vieler Künstler, wohnte von 1885 bis zum seinem Tod 1929 in diesem Haus. Das Parkett, die Holztäfelung und die Möbel sind original. Das Gipsmodell des *Sterbenden Zentauren*, der 1914 vollendet wurde, steht noch immer an Ort und Stelle.

Wir hatten folgende unerwartete Einladung erhalten: »Sie werden gebeten, am geistlichen und weltlichen Konzert teilzunehmen, das am Freitag, dem 2. April 1897, im Beinhaus der Pariser Katakomben unter Mitwirkung bedeutender Musiker stattfinden wird. Einlass in der Rue Dareau 92 ab elf Uhr abends. (...) Nun stehen wir vor der Nummer 92 der Rue Dareau. Wir weisen uns gebührend aus und werden an der unbeleuchteten Tür sehr freundlich von hochgewachsenen jungen Leuten mit langem Ästhetenhaar empfangen, die uns höflich in die völlige Stille hineinbitten und uns eine Wendeltreppe hinab 80 Fuß unter die Erde steigen lassen (...) Hier finden wir Platz auf bescheidenen Strohstühlen – die Katakomben sind eindeutig der letzte Salon, wo man schwatzt. Mehrere unserer Kollegen sind bereits vor einer Weile eingetroffen (...). Es ist halb drei Uhr morgens, als wir auseinandergehen, entzückt von dem eigenartigen Kunsteindruck, und uns verabreden für ... den Tag des Jüngsten Gerichts.

Edmond Stoullig, 1897

Oben und rechte Seite: die Katakomben, Fotos von 1905 und 1907. Um die Besichtigung der römischen Steinbrüche, die nach der Revolution in ein großes Beinhaus verwandelt worden waren, musste man in schriftlicher Form ersuchen. »Zweimal im Monat«, teilt der *Baedeker Paris* mit, »finden Führungen statt. Zeit und Ort, wo man sich zu einzufinden hat (Überzieher und gutes Schuhwerk nicht zu vergessen!), sind auf dem Erlaubnisschein angegeben. Die Zahl der Neugierigen beläuft sich bisweilen auf mehrere Hundert. Am Eingang versieht man sich mit einem Licht (50 c.). Ein Beamter, der die Erlaubnisscheine einfordert, teilt die Besucher in Gesellschaften. Die Wanderung dauert etwa eine Stunde.«

Links mitte: der Löwe von Belfort, Place Denfert-Rochereau, um 1900. Das Werk von Frédéric Bartholdi ist eine auf ein Drittel verkleinerte Nachbildung seiner monumentalen Löwenskulptur, die seit 1880 vor der Zitadelle von Belfort steht. Sie erinnert an den Widerstand Belforts unter Colonel Denfert-Rochereau während der Belagerung der Stadt im Krieg 1870/71.
Links unten: das Palais du Bardo, um 1910. Das Palais, ein Werk des Architekten Otapon, ist eine Teilnachbildung des Palasts des Bey in Tunis und repräsentierte Tunesien auf der Weltausstellung 1867. 1869 wurde es am höchsten Punkt des Parc Montsouris wiederaufgebaut und als meteorologisches und astronomisches Observatorium genutzt. Als Provisorium konzipiert, verfiel es zusehends und wurde 1991 durch einen Brand zerstört.
Rechts: die Ruche (Bienenkorb), um 1910. In der 1902 von dem Bildhauer Alfred Boucher aus dem Material verschiedener Pavillons der Weltausstellung 1900 gestifteten Künstlerresidenz gewährte man Bohème-Künstlern der Pariser Schule, die aus ganz Europa gekommen waren, unter anderem Brancusi, Chagall, Léger, Soutine, Modigliani, Diego Rivera, Unterkunft und Verpflegung.

TOUS LES JOURS

Das volkstümliche Paris
Von Vincennes bis Saint-Ouen

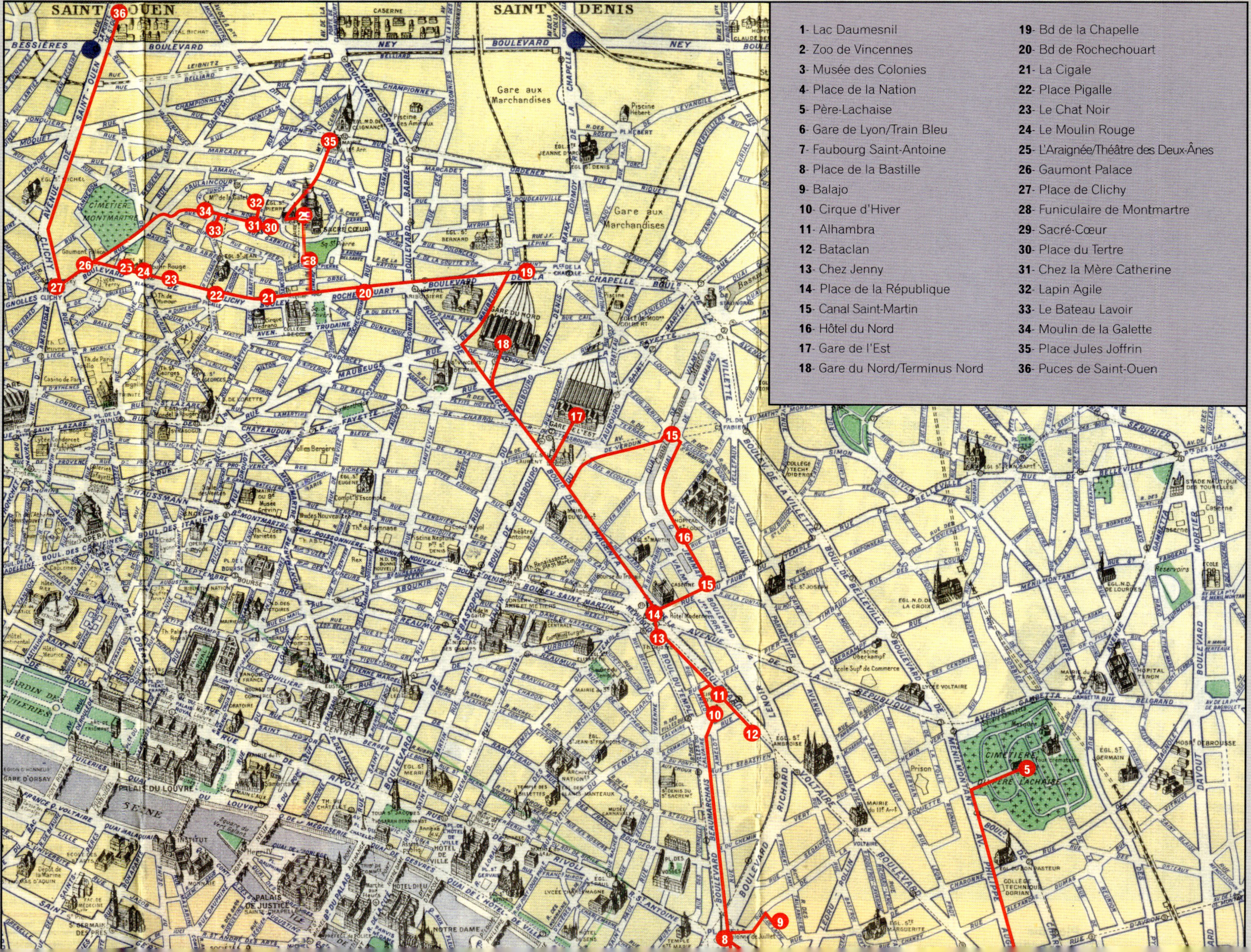
1- Lac Daumesnil
2- Zoo de Vincennes
3- Musée des Colonies
4- Place de la Nation
5- Père-Lachaise
6- Gare de Lyon/Train Bleu
7- Faubourg Saint-Antoine
8- Place de la Bastille
9- Balajo
10- Cirque d'Hiver
11- Alhambra
12- Bataclan
13- Chez Jenny
14- Place de la République
15- Canal Saint-Martin
16- Hôtel du Nord
17- Gare de l'Est
18- Gare du Nord/Terminus Nord
19- Bd de la Chapelle
20- Bd de Rochechouart
21- La Cigale
22- Place Pigalle
23- Le Chat Noir
24- Le Moulin Rouge
25- L'Araignée/Théâtre des Deux-Ânes
26- Gaumont Palace
27- Place de Clichy
28- Funiculaire de Montmartre
29- Sacré-Cœur
30- Place du Tertre
31- Chez la Mère Catherine
32- Lapin Agile
33- Le Bateau Lavoir
34- Moulin de la Galette
35- Place Jules Joffrin
36- Puces de Saint-Ouen
SAINT OUEN
SAINT DENIS
Gare aux Marchandises
Gare aux Marchandises
SEINE

Begegnung mit Paris. Widersprüchliche Eindrücke: Welchen soll man im Gedächtnis behalten? Mark Twain, der 1867 an der Gare de Lyon aus dem Zug steigt, zeigt sich entzückt und auch überrascht von der besonnenen Ausgewogenheit, die er wahrnimmt: »Was für eine unvergleichliche Ordnung sie in diesem riesigen Bahnhof hielten! Es gab kein rasendes Gedränge und Geschiebe, kein Schreien und Fluchen, keine Kutscher, die einem großmäulig ihre Dienste aufdrängten.« Dagegen beschreibt Joris-Karl Huysmans 1879 in *Les Sœurs Vatard* die wilde Atmosphäre eines Viertels im Osten von Paris: »An jenem Abend war die Straße voll. (...) Leute liefen hintereinander her und gaben sich freundschaftlich Faustschläge; 13-jährige Rotzjungen rauchten Zigarettenstummel und spuckten aus; eine dicke Frau ließ ihren Bauch unter einer fettigen Schürze wippen; Familien drängten sich ekstatisch vor dem Geschäft eines Konditors zusammen.«

Paris – ist es nun die höfliche Gefügsamkeit oder der vulgäre Überschwang? Es hat etwas von beidem, etwas von zehn, von hundert – so viele widersprüchliche wie auch ergänzende Eindrücke könnte man finden, wollte man den Geist der Hauptstadt in ihren Alltagskleidern erfassen. Somerset Maugham beschreibt in *Silbermond und Kupfermünze* (1919) diese faszinierende Ambivalenz: »In der Avenue de Clichy herrschte um diese Stunde großes Gedränge, und eine lebhafte Fantasie hätte in den Vorübergehenden Figuren aus so manchen schmutzigen Romanen sehen können. Da gab es Kommis und Ladenmädchen; alte Männer, die aussahen, als wären sie aus den Büchern Honoré de Balzacs gestiegen; männliche und weibliche Vertreter jener Berufe, die aus der moralischen Schwäche der Menschen Kapital schlagen. Die gleiche Energie, durchsetzt mit Wut und Wahn, treibt »Politiker,

Links: Obst- und Gemüsehändlerin, frühe 1950er-Jahre. *Seiten 258/259:* das Moulin de la Galette, um 1900; im Hintergrund die Baustelle von Sacré-Cœur.

Rechts: ein Hof des Weinlagers von Bercy, um 1925. Ende des 19. Jahrhunderts hatte es eine Gesamtfläche von rund 42 Hektar, die von einem Gitter umzäunt waren.

Oben: der See von Buttes-Chaumont, über dem die Nachbildung des Tempels der Sibylle in Tivoli aufragt, Photochrom, um 1890.
Rechts: Edith Piaf, das Mädchen aus Belleville, Foto aus einer Serie, die 1958 im Olympia aufgenommen wurde.

Oben: der Boulevard und die Porte Saint-Martin, Photochrom, um 1890.
Als Vignette: Kofferaufkleber des Hotels Proust am Fuß der Butte Montmartre.

Leute aus der gehobenen Gesellschaft und auch Halbweltdamen, Damen voller Geist, deren Tugend aber etwas zu wünschen übrig lässt«, wie Anne Perry es in *Half Moon Street* schildert, dazu, sich in diesen Vierteln mit dem Volk gemein zu machen. Genau dies berichtet auch – wiederum – Mark Twain, der erstmals beim French Cancan zusieht: »Rufe, Lachen, rasende Musik, ein verwirrendes Chaos hervorstoßender und sich ineinanderschiebender Gestalten, ein stürmisches Ergreifen und Loslassen bunter Kleider, auf und ab schnellende Köpfe, fliegende Arme, blitzartiges Aufleuchten weißbestrumpfter Waden und zierlicher Schuhe hoch in der Luft und dann ein großer abschließender Ausbruch, ein Aufruhr, ein ungeheures Getöse und eine wilde Flucht! Himmel! Nicht Ähnliches hat man auf Erden gesehen«, kommentiert er nicht ohne Ironie. Die Maler Monet, Renoir, Cézanne oder Toulouse-Lautrec – der die berühmten Plakate malt, welche die Vorstellungen im Moulin Rouge anpreisen – tauchen ihren Pinsel in die Farben des volkstümlichen Paris. Eines Paris, das von Elend geplagt wird, aber nicht die geringste Gelegenheit versäumt, es zu bannen, wie Stefan Zweig in seinem Text *Montmartrefest* bezeugt, der am 3. Mai 1909 im *Leipziger Tageblatt* erscheint: »Das große Volksfest der ›Butte‹, ›La foire de Montmartre‹, die Kirmes des fröhlichen Viertels von Paris, hatte begonnen. (...) Aber dennoch ist dieses Schauspiel so wunderbar schön. Es ist so farbenreich, so erfüllt von Flimmerglanz und Kinderlachen, so lieblich in seiner Torheit und so toll in seinem Wirbel, dass man den Leuten ihren hingebungsvollen, fröhlichen Unverstand abneidet.« Zerstört der Haussmann'sche Urbanismus, das Synonym für die Verbürgerlichung, die in Paris Mitte des 19. Jahrhunderts um sich greift, nicht die Spontaneität der Straßen, während er gleichzeitig ihre schädlichen Ausdünstungen vertreibt? Ja, antwortet Joris-Karl Huysmans, Verfasser der *Pariser Skizzen*. Bereits 1880 denkt er mit Nostalgie an die unberührten Flächen zurück: »Für Leute, die dem widerwärtigen Überfluss der reichen Viertel entrinnen möchten, wird Ménilmontant immer das gelobte Land bleiben, das Kanaan trauriger Freuden«, so schreibt er. »In einer der Ecken dieses Viertels erstreckt sich die so außergewöhnliche, so bezaubernde Rue de la Chine. (...) Diese Straße hat das fröhliche Aussehen einer mit Gärtchen und Lauben geschmückten Dorfgasse bewahrt. So, wie sie heute noch existiert, ist diese Straße die Verneinung langweiliger Symmetrie, das

Gegenteil der banalen Fluchtlinie der großen neuen Fahrbahnen.« Die schiefen Wände, der Zaun, der sich neigt, »wobei er ein ganzes Büschel Efeu mitzieht«, lassen hier von der Bohème träumen, von dem universellem Mythos, der Anfang des 19. Jahrhunderts in Paris keimt und zwischen den beiden Weltkriegen die Künstler aus Europa und Amerika, die *lost generation*, herlockt. Die Bohème, die man auf der Butte Montmartre findet, im Lapin Agile, dem »Flinken Kaninchen«. Woher man kommt, ist hier ziemlich gleichgültig. »Bis August 1914«, so bezeugt Pierre Mac Orlan, »lebte der Lapin ein Leben, dessen Nonkonformismus das unmittelbare Abbild des Montmartre war. Jedermann entzog sich gesellschaftlichen Zwängen.« Im Zwielicht dieser Spelunke deklamiert Apollinaire seine Gedichte; 1905 malt Picasso hier seinen *Harlekin mit dem Glas*. Der Absinth fließt in Strömen. Man trinkt, man lacht und man verliert sich zwischen »Leuten, die Feste feiern, um die schwarze Sonne der Melancholie zu überdecken«.

Anderen Ecken gelingt die Verbindung zwischen Reichen und kleinen Leuten, Parisern und Reisenden. Sie haben auch ihre Kaninchen, etwa die, die man in den baumbepflanzten Alleen des Friedhofs Père-Lachaise mit dem Gewehr jagt – wie uns Charles Virmaître in seinem 1889 erschienenen Buch *Paris croque-mort* berichtet. Hier schlafen Volk und Adel ohne Störung Seite an Seite; Wache halten die schon zahlreich gewordenen Besucher, die auf dem größten und schönsten der Pariser Friedhöfe umherwandern und nach bekannten Namen auf dem Grabstein suchen. Da gibt es die englische Touristin, die »den Friedhof Père-Lachaise (wörtlich: »Vater Stuhl«) besichtigen wollte und, da sie sich nicht mehr an den Namen erinnert, den man ihr gesagt hatte, fragt, wo sich denn der Friedhof von Papa Sessel befinde«, heißt es 1909 in *La Ville Lumière*. So kommt schnell das Leben wieder zu seinem Recht, mitgerissen vom Schwung und Humor der Straße, angetrieben von der unglaublichen Robustheit des volkstümlichen Paris. Das fröhliche Paris der Konzertcafés, der *caf' conc'*, die 1963 im *Guide Parisien* von Hachette den Schaulustigen empfohlen werden; hierher kommt man, um die Sänger mit ihren frechen, schlüpfrigen Liedern zu hören. Das lebenslustige Paris der Tanzlokale wie dem Moulin de la Galette, das vom *Baedeker* gerühmt wird. Da ist die Foire du Trône auf der Place de la Nation, die größte der Hauptstadt, wo sich in den Goldenen Zwanzigern alle Attraktionen der Wunderwelt des Jahrmarkts ein Stelldichein geben. Da sind der Cirque d'Hiver, die Folies-Bergère, das Musée Grévin, das Bal à Jo, das Chat Noir, das Bataclan ... Da sind die Kinos, die zu Beginn des 20. Jahrhunderts an den großen Boulevards aus dem Boden schießen. Da sind die Straßensänger. Es gibt die exotischen Ecken von Paris, die wie zu heiß gewaschene Wäsche auf die Größe von Dörfern geschrumpft sind, etwa den Montmartre mit der Kirche Sacré-Cœur, in den Jack Kerouac vernarrt ist. In seinem Reisebericht *Lonesome Traveler* (1957) gesteht er: »Der richtige Ort, um zu heiraten und eine Familie zu gründen, schmale glückliche Straßen voller Kinder mit langen Brotlaiben.« Heute ein echter Luxus.

Links: Titelblatt der *Revue du Moulin Rouge*, 1925. *Als Vignette:* Werbezettel auf Ungarisch, der die Ankunft des »Pariser Zirkus Medrano« ankündigt. *Ganz links:* die Place Blanche und das Moulin Rouge um 1900.

Ganz oben: Boote auf dem Lac Daumesnil im Bois de Vincennes. Der Park wurde im Zweiten Kaiserreich angelegt. »Breite, sorgfältig gepflegte Alleen, verwunschene Pfade unter dem Blätterdach und zahlreiche Bäche lockern die Landschaft auf«, ist 1909 in *La Ville Lumière* zu lesen.
Oben: der Anlegesteg am Lac Daumesnil, um 1905.
Medaillon: der Eingang zum Chalet de la Porte Jaune, um 1900. Das Chalet war eine Jagdhütte des kaiserlichen Hofes, heute ist es ein Hotel und Restaurant.
Seiten 266/267: das Palais de la Porte Dorée, auch Palais des Colonies genannt, mit der Löwinnenskulptur von Henri-Edouard Navarre. Das schöne Art-déco-Gebäude wurde für die Kolonialausstellung 1931 errichtet. Heute ist darin das Museum für Einwanderungsgeschichte untergebracht; außerdem kann man darin immer noch das tropische Aquarium besichtigen.

Der Bois de Vincennes, der ebenfalls alt ist – der Überlieferung nach sprach der heilige Ludwig unter einer seiner Eichen Recht –, hat bei weitem nicht den aristokratischen Anblick des Bois de Boulogne. Obwohl er sehr schön ist, von breiten Alleen durchzogen, von Seen und Rasenflächen aufgelockert, voller charmanter Anlagen, ist er zu weit entfernt vom Stadtzentrum und hat nicht die Gunst der vornehmen Welt errungen. Hingegen ist er ein beliebter Spazierweg der Arbeiter aus der Vorstadt. (...) Des Sonntags füllt er sich mit einer lärmenden, fröhlichen Menge, die Ball-, Krocket- und Fangspiele veranstaltet, Seile an die Bäume hängt, Schaukeln daran befestigt und auf dem Rasen picknickt. Der Bois de Vincennes hat auch seine Pferderennbahn, aber dort findet sich weder der Enthusiasmus, der die Rennen von Longchamp begleitet, noch die aristokratische Gesellschaft, die sie besucht. In den Bois de Vincennes begibt man sich in Kremsern, kleinen Karren aus lackiertem Holz; man wettet dort viel wie auf allen Rennplätzen, und die Spieler beenden fröhlich ihren Tag im Restaurant de la Porte Jaune.

Alexis Martin, 1890

Der Zoologische Garten der Kolonialausstellung ist einzig der afrikanischen Fauna gewidmet. Er sind daher weder Tiger noch Leoparden zu sehen, aber vier Giraffen, fünf Elefanten, 20 Löwen oder Löwenjunge, 15 Antilopen, vier Büffel, acht Zebras, zwölf Strauße, 140 Affen, sogenannte Abessinische Paviane (...). Nichts ist interessanter anzusehen als der Felsen der Affen. Hier sitzen sie in Gruppen, große und kleine, nach geheimnisvollen natürlichen Affinitäten versammelt, völlig unbekümmert ob der indiskreten Neugier der Besucher, und geben sich ihren Lieblingsbeschäftigungen hin, vor allem dem gegenseitigen Entflöhen. (...) Zwar haben sich die Zoobewohner insgesamt ziemlich in ihre Situation eingefunden, die Erziehung des Publikums lässt aber noch zu wünschen übrig. (...) Ein Wärter wurde veranlasst, gegen einen Verrückten einzuschreiten, der einer Giraffe eine Packung Tabak zu fressen gab. Es bleibt zu hoffen, dass die Besucher (...) sich bald ebenso vernünftig verhalten werden wie die sogenannten wilden Tiere, die man zu ihrer Unterhaltung versammelt hat.

Robert de Beauplan, 1931

Oben: Fütterung des See-Elefanten im Zoo von Vincennes, 1937. Diese Tierart ist selten in Gefangenschaft zu beobachten.
Links: sonntags im Zoo von Vincennes, 1932; im Hintergrund der Felsen für Gebirgstiere. Ein erster, drei Hektar großer Zoologischer Garten entstand in Vincennes zur Kolonialausstellung 1931; 1934 kamen 15 Hektar hinzu, die Anlage folgte dem Vorbild von Hagenbecks Tierpark in Hamburg.

Rechte Seite: der Felsen im Zoo von Vincennes heute. Das von Charles Letrosne geschaffene Stahlbetongebilde ist mit einer Außenschicht überdeckt, die es wie einen natürlichen Felsen aussehen lässt. An den Felshängen befinden sich die Gehege der Mähnenschafe. So leben sie auf einem abschüssigen Gelände, das ihren ursprünglichen Lebensraum nachahmt.

Es ist eine feierliche Stadt mit gewundenen Strassen und den winzigen Marmortempeln und -häusern der Toten, die aus einer Wildnis von Laub und frischen Blumen weiß hervorschimmern. Nicht jede Stadt ist so reich bevölkert wie diese (...). Nur wenige Paläste gibt es in anderen Städten, die so prächtig in der Ausführung, so kunstvoll, so kostbar im Material, so anmutig und so schön sind. (...) Aber unter den Tausenden und aber Tausenden von Gräbern im Père la Chaise ist eines, an dem kein Mann, keine Frau, kein junger Mensch, gleich welchen Geschlechts, je vorbeigeht (...). Dies ist das Grab von Abélard und Heloise (...); alle Pariser Jünglinge und Mädchen, die eine Enttäuschung in der Liebe erlitten haben, kommen hierher, wenn sie der Tränen voll sind (...). Geht hin, wann ihr wollt, und ihr werdet jemanden über diesem Grab schnaufen hören.

Mark Twain, 1867

NATION / PÈRE-LACHAISE

Oben: der Cours de Vincennes und die Place de la Nation, um 1925. Die beiden Säulen zeigten bis 1860 die Zollgrenze an. Hier standen zwei von Claude-Nicholas Ledoux entworfene Zollgebäude, die zur *mur des fermiers généraux* (Mauer der Generalsteuerpächter) gehörten.
Links: das Grabmal von Heloise und Abaelard, um 1910. »Auf dem Père-Lachaise begraben zu sein ist wie Mahagonimöbel zu haben. Daran erkennt man die Eleganz«, stellte Victor Hugo fest. Die sterblichen Überreste von Heloise († 1164) und Abaelard († 1142), den legendären Liebenden des Mittelalters, wurden 1817 auf den Père-Lachaise überführt.
Rechte Seite: der Père-Lachaise heute. Der 1804 eröffnete Friedhof verdankt seinen Namen dem ehemaligen Besitzer des Geländes, dem Jesuiten François de La Chaise, Beichtvater Ludwigs XIV. Eine Million Tote ruhen in dieser Gräberstadt: Balzac, Delacroix und Molière, Maria Callas, Simone Signoret und Yves Montand, Edith Piaf und Jim Morrison.

AVENUE
DES PEUPLIERS
67e DIVISION

Oben: die Gare de Lyon, Stereoskopaufnahme, 1905. Dem ersten Bahnsteig folgte 1857 ein fünfgleisiger Bahnhof. Der heutige Bahnhof, von Marius Toudoire gebaut, wurde 1891 in Angriff genommen, um den Besucherstrom bei der Weltausstellung 1900 zu bewältigen. Der 64 Meter hohe, von Paul Garnier entworfene Uhrturm war damals eines der höchsten Gebäude der Welt. Die großen Zeiger der mächtigen Uhr mit vier Zifferblättern sind 3,20 Meter lang!
Als Vignetten: Gepäckaufkleber der Hotels Terminus Gare de Lyon und Massilia.
Rechts: Speisekarte des Buffets in der Gare de Lyon, 1921. Das Bahnhofsrestaurant wurde 1949 zu Ehren des berühmten gleichnamigen Zuges in »Train Bleu« umbenannt.
Rechte Seite: das Restaurant du Train Bleu, »das übersehene Museum« (Jean Giraudoux). Es wurde am 7. April 1901 eingeweiht und entfaltet mit Leuchtern, Bänken aus Okuméholz und vergoldetem Stuck malerische, aber auch kulinarische Pracht. 41 Deckengemälde stellen die Städte und Landschaften dar, die das Schienennetz der Eisenbahngesellschaft PLM miteinander verband. Die PLM hatte damals das größte Eisenbahnnetz der Welt und feierte so ihr Imperium.

Was für eine unvergleichliche Ordnung sie in diesem Bahnhof hielten! Es gab kein rasendes Gedränge und Geschiebe, kein Schreien und Fluchen, keine Kutscher, die einem großmäulig ihre Dienste aufdrängten. Diese Leute standen draußen – sie standen ruhig neben der langen Reihe ihrer Fahrzeuge und sprachen kein einziges Wort. Eine Art von Oberkutscher schien das gesamte Beförderungswesen in der Hand zu haben. Er empfing die Reisenden höflich und führte sie zu der Art Gefährt, die sie verlangten, und sagte dem Kutscher, wo sie abzuliefern wären. Es gab keine frechen Antworten, keine Unzufriedenheit wegen zu hoher Fahrpreise, kein Murren über auch nur irgendetwas.

Mark Twain, 1867

Ich fühlte mich prächtig und schlenderte durch die Strassen und löste an der Gare du Nord einen Reisescheck ein und ging die ganze Strecke, munter und fröhlich, den Boulevard de Magenta hinunter bis zur Place de la République und immer weiter und manchmal auch durch Seitenstraßen. – Inzwischen ist es dunkel, den Boulevard du Temple hinunter und die Avenue Voltaire (wo ich in die Fenster finsterer bretonischer Restaurants spähte) zum Boulevard Beaumarchais, wo ich das düstere Bastille-Gefängnis zu sehen hoffte, denn ich wusste nicht mal, dass es 1789 abgerissen worden war, und fragte einen Kerl: »Où est la vieille prison de la Révolution?«, und er lachte und erzählte mir, ein paar Steine davon seien noch in der U-Bahn-Station.

Jack Kerouac, 1957

Oben: die Place de la Bastille, Stereoskopbild, um 1905. Hier stand einst die im 14. Jahrhundert erbaute Bastille, die als Staatsgefängnis verhasst war und am 14. Juli 1789 erstürmt wurde. Die Julisäule wurde 1831 zum Gedenken an die Opfer der Julirevolution von 1830 errichtet.
Links: die Metrostation Bastille, um 1905. Sie liegt an der ersten Metrolinie von Porte-Maillot nach Porte de Vincennes und ist das Werk des Ingenieurs Fulgence Bienvenüe. Die Metrolinie wurde 1900 anlässlich der Weltausstellung und der Olympischen Sommerspiele im Bois de Vincennes eröffnet.

Rechte Seite: die Rue du Faubourg-Saint-Antoine, 1900. Die Straße ist nach der 1198 gegründeten Abtei Saint-Antoine-des-Champs benannt, aus der nach der Revolution das Hôpital Saint-Antoine wurde. Die Bewohner dieses volkstümlichen Viertels, in dem lange Zeit Handwerker heimisch waren, waren maßgeblich am Sturm auf die Bastille beteiligt.
Seiten 276/277: das Balajo, Rue de Lappe, um 1950. Das von Henri Mahé dekorierte Tanzlokal öffnete 1936 seine Tore. In der Rue de Lappe, ehemals die Straße der Leute aus der Auvergne, gab es seit der Jahrhundertwende mehr und mehr Tanzlokale, in die sich gern Touristen wagten, um in Gesellschaft von Ganoven und Gigoletten Java zu tanzen. Das Balajo war berühmt für »La Toupie«, eine Walzerart, bei der man sich auf der Stelle drehte. Mit Ausnahme der Kriegsjahre drängten sich hier jeden Nachmittag und Abend die besten *toupilleurs* von Paris auf der Tanzfläche. Zahlreiche berühmte Persönlichkeiten gaben sich im Balajo ein Stelldichein, etwa Mistinguett, die es einweihte, Arletty, Edith Piaf und Marcel Cerdan, Joseph Kessel, Gregory Peck, Marlene Dietrich, Sophia Loren oder auch Rita Hayworth. Ihr zu Ehren komponierte der Akkordeonspieler Jo Privat, der Begründer des Swing Musette, einen Tanz.

PARIS FAUBOURG
COMMANDES
POUR
LA VILLE
VOLAILLES

La Belle Poule

Verführerisch von aussen, kokett im Inneren, so ist das Haus, das unter dem Namen Cirque d'Hiver bekannt ist und 1852 unter dem Namen Cirque Napoléon eröffnet wurde. (...) Alle Turner, alle Balancekünstler, alle berühmten Kunstreiterinnen, alle grotesken Clowns sind hier in der Manege aufgetreten und haben unter seinem Dach voltigiert. Was wir hervorheben wollen, ist der künstlerische Reichtum der Außengestaltung, an der höchst verdiente Bildhauer mitgewirkt haben. Pradier ist der Schöpfer der bronzenen Amazone, die eine so kokette Haltung zeigt, eine so kühne Bewegung vollführt und die linke Seite des Haupteingangs ziert. Der männliche Kämpfer, der ihr als Gegenstück dient, ist von Bosio und Duret. Guillaume, Lequesne, Husson, Dantan der Ältere haben die genialen Kompositionen der Basreliefs geschaffen, die sich um den Manegenhimmel ziehen. Was die Pläne betrifft, so sind sie von Jacques Hittorff.

Alexis Martin, 1890

Linke Seite: Teil der Fassade des Cirque d'Hiver (Winterzirkus). Das Gebäude, als 20-seitiges Polygon mit korinthischen Säulen an den Ecken, ist ein großartiges Beispiel der Zirkusarchitektur des 19. Jahrhunderts und von ehemals 18 Pariser Zirkusgebäuden das einzig erhaltene.
Links: Plakat vom Cirque d'Hiver, um 1900, wie man es auf die berühmten Litfasssäulen klebte. »Ich ging häufig in den Cirque Napoléon (so der damalige Name), und immer fand ich einen vollen Saal vor. Dies ist nicht erstaunlich, die Kunststücke der Brüder Segundo, der spanischen Leoparden, stehen Alcindo Guénées Possen in nichts nach«, meinte Alfred Delvau 1867.
Rechts: Programm des Cirque d'Hiver, um 1900. Anfänglich Zirkusvorstellungen vorbehalten, gab es in dem »360-Grad-Saal am Boulevard du Temple« später auch Konzerte und Filmvorführungen als Vormittags- und Abendvorstellung.
Seiten 280/281: eine Vorstellung im Cirque d'Hiver heute. Das Trapez hat den Winterzirkus berühmt gemacht: 1859 führte Jules Léotard die erste Voltigiernummer mit Salto zwischen zwei Trapezen vor. 1934 übernahmen die berühmten Brüder Bouglione den Zirkus.

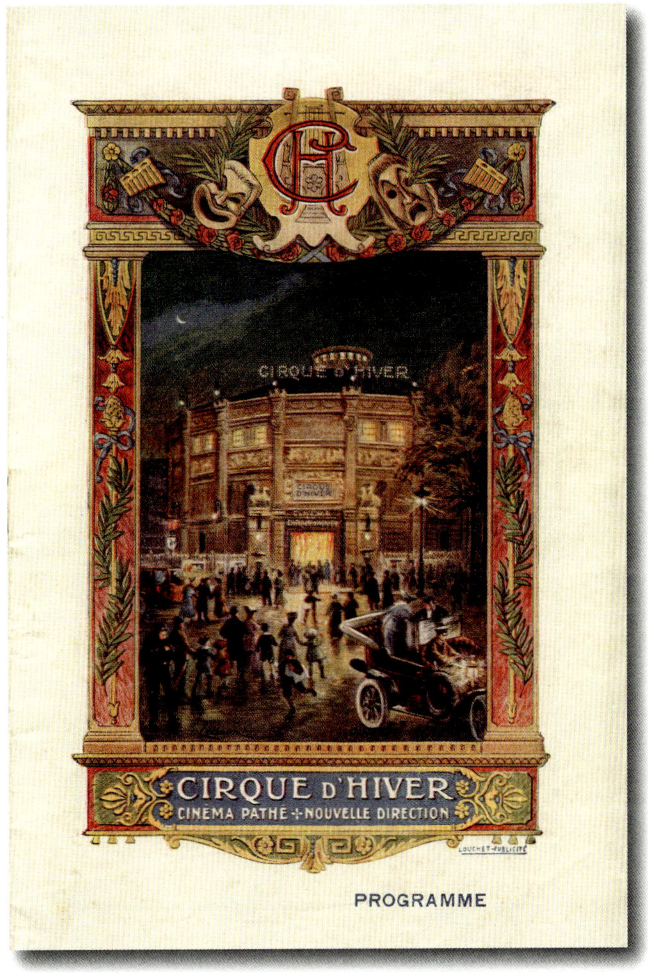

Doch es gibt noch ein anderes Paris. Ein bürgerliches und volkstümliches Paris. (...) Ein liebenswertes Paris, wo die Straßenverkäufer noch nicht erlebt hatten, dass ihr bescheidenes Gewerbe und ihre vertrauten Rufe in einem gleichermaßen unerträglichen Verkehr und Lärm untergingen. [...] Die Vergnügungen und Erfordernisse des täglichen Lebens kosteten die Pariser jener Zeit nicht viel Geld. Schauen wir uns einige dieser Fotos an. In den Restaurants gehen die Preise für die Gerichte von 80 Centime bis 1 fr. 50. Das Standardgericht (Suppe und Rindfleisch) kostet 30 Centime, die halbe Portion 20 Centime. (...) Und für zehn Sous konnte man Thérésa oder Darcier im Saal eines Konzertcafés zuhören und für sechs Sous auf der dritten Empore vor einem düsteren *mélo* am Boulevard du Crime erschauern.

Louis Cheronnet, 1943

Linke Seite: die Place de la République, um 1925. Das Standbild der Republik, 1880 von den Brüdern Morice errichtet, steht auf einem Sockel, den die Figuren der Freiheit, Gleichheit und Brüderlichkeit umgeben. Im Norden wurde der Platz vom Kaufhaus Magasins Réunis begrenzt. Es öffnete 1866 seine Tore, und Zola schreibt darüber in *Paradies der Damen*: »Bleich vor Begierde beugten sich Frauen vor (...). Alle blieben angesichts dieses entfesselten Katarakts stehen, erfüllt von der dumpfen Angst, vom Überquellen eines solchen Luxus erfasst zu werden, und von einem unwiderstehlichen Verlangen, sich hineinzustürzen und darin unterzugehen.«
Oben rechts: Personal und Kundschaft der Brasserie de l'Espérance, Place de la République, 1909.
Unten rechts: die Brasserie Chez Jenny, Boulevard du Temple, um 1940. Seit nunmehr 70 Jahren isst man dort elsässische Spezialitäten, insbesondere Sauerkrautgerichte, in einem Saal, den der elsässische Maler und Intarseur Charles Spindler gestaltete. Das Lokal wurde 1932 von dem Straßburger Robert Jenny gegründet. Vorher hatte er an einem Kiosk Würstchen, Sauerkraut und Bier verkauft.
Seiten 284/285: auf der Bühne der Alhambra, Rue de Malte, 1916. Das berühmte Varieté, manchmal auch »Théâtre en or« (Goldenes Theater) genannt, öffnete 1904 seine Türen. Die größten Stars wie Mistinguett, Georgius, Maurice Chevalier, Yvette Guilbert oder Ray Ventura traten bis zur endgültigen Schließung 1967 hier auf. In den 1950er-Jahren wurde die Alhambra zum Jazztempel; Sydney Bechet, Ella Fitzgerald und Duke Ellington gaben umjubelte Konzerte.
Als Vignette: Titelseite eines Programms der Alhambra, um 1900.

Von den Fenstern des Hôtel du Nord sieht man den Canal Saint-Martin, die Schleuse, wo die Lastkähne warten, Fabriken und Mietshäuser. (...) Abends hört man das eintönige Rauschen des Wassers, das von einem Schleusentor herabfällt. (...) Die Zeit verstreicht, der Sommer ist gekommen. Wenn die Sonne hinter den Häusern am Quai de Valmy untergegangen ist, tut es gut, auf der Terrasse ein Glas zu trinken. (...) Die Straßenlaternen werden entzündet, auf den Plätzen umarmen sich Liebende, alte Frauen führen ihren Hund aus. Die Sterne spiegeln sich im schwarzen Wasser des Kanals; die Luft frischt auf, ein Windstoß, der von den äußeren Boulevards kommt, trägt das Rauschen der Stadt herüber.

Eugène Dabit, frühe 1930er-Jahre

Oben: der Canal Saint-Martin, Verbindungskanal zur Seine, heute. Am Quai de Valmy liegt das Hôtel du Nord, berühmt geworden durch den 1938 uraufgeführten Film von Marcel Carné *(links)*. Der Film wurde übrigens nicht hier gedreht, sondern im Studio von Billancourt!
Rechte Seite: die Fassade des Bataclan; außerdem ein Programm aus der Zeit um 1910. Das nach der Operette von Jacques Offenbach benannte und im Chinoiserie-Stil erbaute Vergnügungsetablissement wurde 1864 eröffnet. Im Saal mit 2500 Plätzen kamen Zirkusnummern, Konzerte, komische Opern, Schwänke usw. zur Aufführung. Das erste Konzerttheater von Paris zeigte um 1910 Revuen, in denen »kleine, junge, hübsche Frauen, bekleidet mit engen Trikots, ihre Anatomie enthüllen«.

DIENSTAG GEWITTRIG UND ÖDE. (...) Eine Hitze, die vom Gewölbe verbreitet, vom Asphalt abgestrahlt wird, mit eiskalten Böen an den Kreuzungen und Ecken, die einen erzittern ließen. (...) Die Gare du Nord, ein verrußtes, schweres Gebäude, gekrönt von schwarzen Statuen, überragt ein geschäftiges, wohlhabendes, aber trauriges Viertel. Die Kohlenbergwerke Frankreichs und die Ebene Nordeuropas greifen hier auf der ersten Station ihres Wegs in Richtung Süden, Muße und Licht nach Paris herein. Hier heißen die Cafés Kneipen. *Triboulette, À la Tartine du Nord*, sagen die Schilder. (...) Englische Seeleute schwanken auf den Schwellen der Bars. Blonde Kinder, an ihre blasse Mutter geklammert, essen Butterbrotschnitten. Schöne junge Mädchen von edlem Körperbau, lilienweißem Fleisch, mit leuchtendem weichem Haar. (...) Viele Konditoreien und Stände mit belegten Brötchen und Wurstwaren; eine Stimmung von Kirmes, Ernst und Fleiß.

Alexandre Arnoux, 1939

Oben: die Gare du Nord, 1910. »Die Gare du Nord, abscheulich, auf die ich weiß nicht wie viele Züge ihren Inhalt ausspuckten, halbwache, mürrische Menschen, die scharenweise zu den Ausgängen strömten. Es regnete, und das eiskalte Wasser drang sofort durch meinen Regenmantel und meine abgelaufenen Sohlen« – so kommt Georges Simenon 1922 in Paris an, wo er Schriftsteller werden will.
Als Vignette (oben): Gepäckaufkleber des Hotels Terminus-Nord. »Ein Orchester spielt jeden Tag während des Diners«, informiert ein Reiseführer von 1909.
Unten: die neue Gare de l'Est, 1931. Hier fuhr am 4. Oktober 1883 erstmals der Orientexpress ab; hier bestiegen die Soldaten während beider Weltkriege den Zug. Die Halle der Fernreisezüge ziert ein Fresko, *Le Départ des poilus* (Die Abreise der Frontkämpfer), ein Werk des amerikanischen Künstlers Albert Herter zum Gedenken an seinen 1918 gefallenen Sohn.
Unten: Aufkleber des Hôtel de l'Europe.
Rechte Seite: »Sandwichmänner« auf dem Boulevard de Denain in der Nähe der Gare du Nord, Stereoskopbild, um 1911.
Seiten 290/291: die Gare du Nord, um 1925. Jacques Hittorff hat über den Bahnsteigen eine Kathedrale aus Eisen errichtet.
Als Faksimile: Reiseführer des French Welcome Committee, Juli 1945.

CACAO

Aber nichts geht über die Jahrmärkte, und das Schönste an aller Kunst und allem Betrieb ist, dass sie dem Wenigen, was noch von dem Ursprünglichen, Natürlichen sich hält, seinen Platz lässt. Diese Märkte fallen wie Bomben in dieses oder jenes Stadtviertel. Jede Woche wird man, wenn man es darauf anlegt, irgendeinen Boulevard finden, wo Schießbuden, Seidenzelte, Fleischbänke, Antiquare, Bilderhändler, Waffelstände hintereinander aufgereiht sind. Die wundervollen Glaskugeln, in denen dichter Schnee fällt, habe ich auf der foire aux jambons et aux ferailles (Schinken- und Alteisenmarkt) gekauft, und diese Woche gehe ich irgendwann auf die foire aux pains d'épice (Pfefferkuchenmarkt). Auf der foire d'épice werde ich Dir einen schönen Pfefferkuchen kaufen, der wird, bis wir uns wiedersehen, auf meinem Schreibtisch stehen. Keinem »Schreib«tisch, aber einem wundervollen soliden Möbel, wahrscheinlich dem einzigen richtigen Tische, der im ganzen Hotel aufzutreiben gewesen ist.

Walter Benjamin, 1926

Oben: Jahrmarkt im Viertel Rochechouart, um 1900. Attraktionen dieser Art gehören von jeher zum Leben der volkstümlichen Viertel; die Leute fahren auf den Karussells, bis ihnen schwindlig wird, stehen geblendet vor dem Kuriositätenkabinett, lassen sich von den Barbieren die Zähne und von anderen das Geld aus der Tasche ziehen ... Die Begeisterung für das Reisen ist Ende des 19. Jahrhunderts so groß, dass das Publikum auf eine imaginäre Reise um die Welt durch Kulissen, Cycloramen, Dioramen und Panoramen und ihre spektakulär bewegten Bilder mitgenommen wird. »In einem ganz anderen Genre«, stellt ein Touristenführer von damals fest, »findet man Herkulesfrauen, die 50-Kilo-Gewichte an ihren Haaren aufgehängt tragen und barfuß über heißes Eisen gehen.«

Links: Plakat vom Palais d'Hiver, Rue Rochechouart 65. Das Varieté wurde 1915 an der Stelle gegründet, wo sich früher ein großes Kino befand, das Coliseum.

Als Vignette: Gepäckaufkleber des Carlton's Hotel.

Linke Seite: an der Ecke des Boulevard de la Chapelle zur Rue de Jessaint, um 1925. Im Hintergrund die Kuppel der Basilika Sacré-Cœur.

ICI
LE DE
MONTMARTRE
TABARIN
le Grand Jeu
CHEZ NINE
ET
LE GRAND
MONTMARTRE
Can-Can
LULU DE
Bar-Degustation

Die ganze Nacht blieb Valentine vergeblich im Freien, was ihr wegen des Regens, der die Dinge komplizierte, Mühe bereitete. (...) Sie ging bis zur Place Pigalle hinauf, wo sie das armselige Becken umrundete, und dann die Straße hinab. Auf der Fahrbahn, den Gehsteigen spiegelte sich das Licht der Aushängeschilder. Momentweise tauchten Nachtschwärmer auf, die ein Taxi riefen oder vor sich hinsingend herumstolperten. (...) Man sah sie hierhin und dorthin irren, bis sie verschwanden, sich auflösten. Seltsame Nacht – bevölkert von Schatten, Spiegelbildern und, wenn die Tür einer Bar sich öffnete, unvermittelt von den Akkorden eines Jazz erschüttert, hatte sie fast die Weichheit eines Traums und seiner Verschwommenheit. In einer seltsamen Aneinanderreihung ließen die Lichtreklamen die Straße hell schimmern. Die Krone des *Royal*, die blauen Lettern des *Paradis*, die weißen oder die roten der benachbarten Restaurants glommen wie Holzscheite.

Francis Carco, 1928

Oben rechts: eine Stripperin, um 1960. 1894 erfand Maxime Lisbonne – aufgrund seiner Beteiligung an der Pariser Kommune auch »d'Artagnan der Kommune« genannt – diese Art des »gewagten Schauspiels« mit einer lyrischen Pantomime.
Links: das Araignée, um 1910. Das Kabarett hieß auch La Truie qui file (Die rennende Sau), Porc-Epic (Stachelschwein) und Epatant (Dufte!), bevor es 1928 zum Deux-Anes (Zwei Esel) wurde.
Oben links: das Cigale, um 1910. In dem 1887 eröffneten Cigale traten Arletty und Maurice Chevalier auf, und Jean Cocteau veranstaltete futuristische Soireen.
Linke Seite: Pigalle, Foto von Roger Schall, 1940er-Jahre.

Seiten 296/297: *Links:* das Chat Noir. Rodolphe Salis benannte sein literarisch-anarchistisches Kabarett, das von 1881 bis 1897 bestand, nach einer schwarzen Katze, die er unter einer Laterne auflas. Anfangs gab er die Zeitschrift *Le Chat Noir* heraus. Daran arbeiteten die Getreuen des Kabaretts mit, so auch Aristide Bruant. Salis stellte ein Klavier auf; dies hatte es in einem Kabarett noch nie gegeben! *Rechts:* die mit fratzenhaften Ungeheuern verzierte Fassade der nebeneinanderliegenden Kabaretts Le Ciel (Der Himmel) und L'Enfer (Die Hölle), Boulevard de Clichy, Ende der 1930er-Jahre. Ersteres zeigte »Kunstvisionen und Gesänge«, das zweite »höllische Visionen«. Le Ciel und L'Enfer schlossen 1954.

TROISIÈME ANNÉE. — N° 116. LE NUMÉRO 15 CENTIMES SAMEDI 29 MARS 1884

LE CHAT NOIR

DIRECTEUR
RODOLPHE SALIS

SECRÉTAIRE DE LA RÉDACTION
ÉMILE ZOLA
Écrivain français

ABONNEMENTS

PARIS

1 An . . . . . 10 »
6 Mois . . . . . 7 »

DÉPARTEMENTS

1 An . . . . . 12 »
6 Mois . . . . . 8 »

Rédaction et Administration, 84, boulevard Rochechouart.

TIRAGE JUSTIFIÉ

12,000 Exemplaires

SECRÉTAIRE DE LA DIRECTION
GEORGE AURIOL

SECRÉTAIRE DE LA RÉDACTION
ÉMILE ZOLA
Écrivain français

ABONNEMENTS

PARIS

1 An . . . . . 10 »
6 Mois . . . . . 7 »

POUR LES ANNONCES
S'ADRESSER A
M. DUBOCHET
40, rue des Martyrs

Annonces, la ligne. 3 »
Réclames. . . . 5 »
Faits-divers. . . . 7 »

PARAISSANT LE SAMEDI

Bulletin du Chat Noir

La dernière fois que je vis Campi (je l'appelle ainsi pour ne pas le compromettre), c'était au Chat Noir.

Je le présentai à Rodolphe Salis qui fut, du reste, très froid avec lui. Cela me vexa un tantinet. J'avais eu, en effet, l'honneur de faire la connaissance de Campi à Saint-Pétersbourg. C'était quelques jours après l'assassinat du czar Alexandre II. Je me trouvais avec une cousine de Poubelle dans un des grands restaurants de la capitale de toutes les Russies.

— Madame, dis-je à la jeune femme aussi belle que réservée dans ses manières, connaissez-vous ce gentilhomme?

— Si je le connais, fit Euphémie, je vous crois...

— De bois, ajoutai-je avec énormément d'esprit.

Enfin, glissons sur tout ce qui fut consommé de propos sémillants. Le fait est qu'Euphémie me présenta à Campi.

Il avait une sale tête, au fond, ce futur Ducrocide. Mais c'est absolument idiot, dans la vie, de s'arrêter aux détails de la porte, et de ne pas pénétrer fort avant dans le cœur des gens parce que la façade est grotesque.

Je compris, grâce à la perspicacité étonnante que j'ai acquise en lisant Zola, que ce garçon portait en son âme et les berçait, comme des enfants chéris, des projets grandioses auprès desquels la révocation de l'Edit de Nantes ou la guerre du Mexique étaient de la vulgaire camelote.

Cinq minutes et quelques secondes après, nous nous tutoyions.

— Tu comprends, me disait Campi, que j'ai tué le czar

— Comment ça, mon vieux Mich...

— C'est un simple ave...

est un bon gar...

pauvre ...

mentale, ...

fasse un ...

Mais ce...

maines, cr...

le mot qu'e...

— Je ne v...

un motif séri...

— Que tu e...

— Ah! pard...

— Allons, all...

dans les discus... ...iques on se traite comme on... ...ue plutôt à Léon Bloy.

— C'est juste, c...

Alors le terrible Michel m'expliqua longuement son passé, ses projets et la ligne de conduite de sa vie:

— Le peuple souffre, c'est incontestable. Il faut qu'il n'aie plus de douleurs, voilà le résultat à obtenir.

Comment? C'est assez simple. Prenez les rois, les empereurs, les présidents de République (tous ces gens-là qui barbottent nos finances) et faites-en de la bouillie. Quand il n'y aura plus de rois, d'empereurs, de grévys, le peuple se trouvera domestiqué par des sous-rois, des sous-empereurs, des sous-grévys. Alors, nos arrière-neveux, qui nous devront ce lessivage, tueront les sous-rois, les sous- etc...

Et les peuples se traineront aux pieds de sous-sous-rois, etc...

— Mais, dis-je avec une timidité affectée, où s'arrêtera-t-on?

— Nulle part!...

— Le juif-errantisme du massacre à perpétuité, donc?

...quelques tartines de caviar arrosées de nom...es de vodki.

...mmençait à se... troubler...

...graciera, tu peux en être sûr. On te donnera même plus tard les moyens de t'évader.

Campi a tué.

ENFER
CIEL

BLANCHE

Oben: das Moulin Rouge, 1890er-Jahre. Das berühmte Varieté von Joseph Oller und Charles Zidler öffnete am 6. Oktober 1889 am Fuß der Butte Montmartre seine Tore. Es hatte eine riesige Tanzfläche, die man in eine Bühne umwandeln konnte, überall Spiegel und einen Garten mit einem riesigen Gipselefanten. Ein Reiseführer von 1898 beschreibt die Tänzerinnen des French Cancan – wie La Goulue, die Toulouse-Lautrec unsterblich machte –: »Eine Armee junger Mädchen mit einer Elastizität, wenn sie ihr Bein in die Luft werfen, die uns eine zumindest gleichwertige moralische Geschmeidigkeit verheißt.« Die Flügel des Moulin Rouge drehen sich mittlerweile seit 120 Jahren ...
Als Vignette: Kalender, 1895.
Seiten 300/301: La Revue du Moulin Rouge, 1925; im Jahr darauf triumphiert Mistinguett in der Revue »Ça, c'est Paris!«.

In einer Ecke eine Dixie-Band vom Red River, in der anderen ein Haifischbeschwörer aus Kolombo. Und auf der Bühne New York-Montmartre, la grande Revue du Moulin-Rouge, zwei Akte, 50 Bilder, etwa 60 Erzeuger, alle namentlich genannt, einschließlich der Autoren, der Schnallen und Steine der Schuhbänder, des Perlmutters der Muscheltänzerinnen und des Produzenten der telefonischen Organisation. (...) Und Tanz, Tanz, Tanz (...). Aufsteigendes aus Falltüren, Niedergleitendes aus Bonbonschachteln, Reitendes, Fahrendes, Sprünge in den Nil, Familienszenen, schwarze Messen, Ball auf dem Dachgarten des Astors, Versuchungen des heiligen Antonius, Pantherzug der Königin von Saba, Apachen, Magier, Standartenschwinger, Lotusträgerinnen, Lustknaben, Amazonen und – »ah, viens dans mes bras« – der Sklave.

Gottfried Benn, 1925

LES MESSES NOIRES (THE

L'Officiant : M. Oyra

L'Initiée : Mlle Baldini

Photos de Waléry.

ZAN
ZAN
MONTMARTRE
10
BENGALINE

PLÖTZLICH BRACH AUF DEM ROCHECHOUART DIE SONNE DURCH DIE WOLKEN, und ich entdeckte Montmartre. – Nun wusste ich, wo ich wohnen würde, falls ich je nach Paris zurückkam. – Karussells für Kinder, wunderbare Märkte, *hors d'œuvres* an Ständen, Läden voller Weinfässer, Cafés zu Füßen der prachtvollen weißen Basilika Sacré-Cœur (...). Schöne Mädchen, die von der christlichen Schule nach Hause kommen. – Der richtige Ort, um zu heiraten und eine Familie zu gründen, schmale, glückliche Straßen voller Kinder mit langen Brotlaiben. – (...) Dann machte ich mich auf den Weg zu der Kirche hoch auf dem Felsen über den regennassen Dächern von Paris. – La Basilique du Sacré-Cœur de Jésus ist wunderschön, auf ihre eigene Art vielleicht die schönste aller Kirchen (wenn man eine solche Rokoko-Seele hat wie ich): in den bunten Kirchenfenstern blutrote Kreuze, und von Westen her lässt die Sonne goldene Strahlen auf entgegengesetzte bizarre byzantinische Blaus fallen, die andere Heiligtümer repräsentieren.

Jack Kerouac, 1957

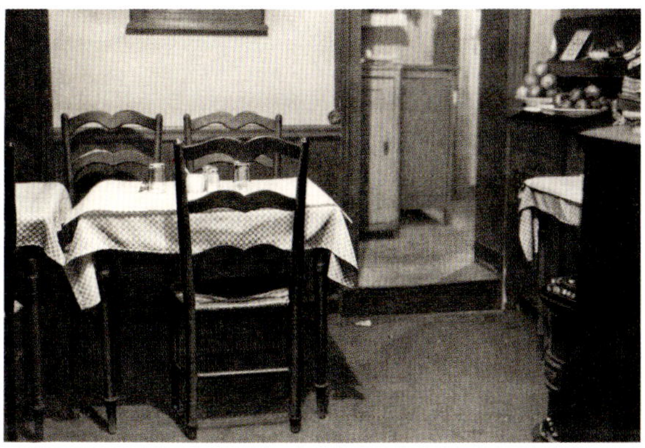

Linke Seite: die Seilbahn auf den Montmartre, Stereoskopbild, 1913. Sie wurde 1900 in Betrieb genommen und lief bis 1935 mithilfe eines Systems von Wasserbehältern, die gefüllt oder geleert wurden, je nachdem, ob der Waggon hinauf- oder hinunterfuhr, und je nach Gewicht der darin sitzenden Reisenden! Sie setzt die Touristen am Fuß von Sacré-Cœur ab, der weißen Kirche im römisch-byzantinischen Stil, die auf dem höchsten Punkt des Montmartre-Hügels von Paul Abadie erbaut wurde.

Links: Speisekarte des Restaurant de la Mère Catherine, Place du Tertre, um 1925. Am Eingang erläutert eine Tafel, dass eines Tages im Jahr 1814 russische Kosaken hier etwas zu trinken verlangten und dabei »Bistro! Bistro!« (Schnell! Schnell!) riefen. Danton und seine Anhänger versammelten sich in diesem Bistro. Davon zeugen die von seiner Hand an die Wand geschriebenen Worte: »Lasst uns trinken und essen, denn morgen werden wir sterben.«

Oben links: das Restaurant de la Mère Marie auf der Butte Montmartre, um 1925.

Oben: Kinder umringen einen Akkordeonspieler auf der Place du Tertre, 1902.

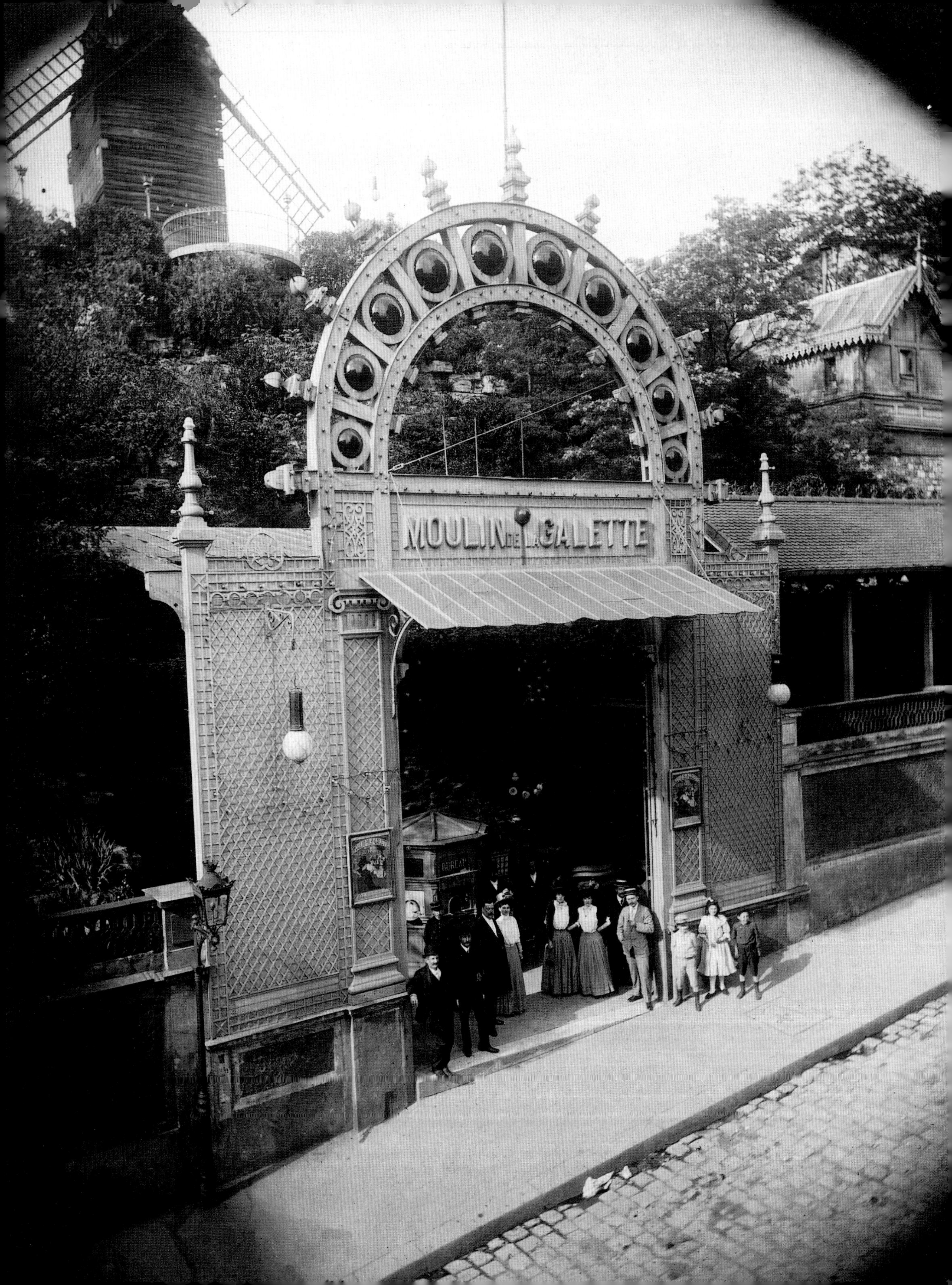
MOULIN DE LA GALETTE
BUREAU

ZWAR WAR AM SONNTAG, DEN NACHMITTAG ÜBER, das Moulin de la Galette nach der Eselspazierfahrt auf dem Montmartre das Tanzlokal der Familien, doch samstagabends wurde es von Künstlern, kleinen Zuhältern und vor allem von leichtlebigen Mädchen besucht. (...) Man war gewiss, samstagabends im Moulin den Künster Georges Lepape anzutreffen, (...) und die berühmte Malergruppe des Bon Ton von Lucien Vogel, dem elegantesten aller Zeitschriftenherausgeber. In dieser bemerkenswerten ›Bande‹ herrschte kein Zwang, sich leger zu geben. Jeder der sorgfältig gekleideten jungen Männer gab dem Dandytum von 1910 seine persönliche Note.

Pierre Mac Orlan, 1946

Oben und linke Seite: das Moulin de la Galette, Rue Lepic, 1890er-Jahre. Neben ihrer Mühle eröffnete die Müllerfamilie Debray 1870 ein volkstümliches Tanzlokal, wohin die leichten Mädchen und kleinen Angestellten der nördlichen Viertel von Paris sonntags tanzen kamen; Renoir malte 1876 das berühmte Bild *Ball im Moulin de la Galette*.
Unten: das Bateau-Lavoir, Place Emile-Goudeau. Um die Jahrhundertwende wurden hier bezahlbare Malerateliers eingerichtet. Picasso, Modigliani, Renoir, van Dongen, Mac Orlan und Max Jacob wohnten eine Zeit lang hier.
Seiten 306/307: auf der Butte Montmartre, um 1900. »In diesem verschwundenen Winkel des alten Paris hätte man glauben können, man sei auf dem Land. Kein Autobus (...), keine vollen Gehsteige. Jede Kreuzung hatte ihren Straßenbrunnen, jedes Haus sein Stück Garten.« (Roland Dorgelès, 1932)
Als Faksimile: Seiten der *Revue du Moulin Rouge*, 1925.

Mutter Adèle gehörte, als wir sie kennenlernten, schon zur Geschichte des Montmartre. Sie war die Gefährtin von Gill, Caran d'Ache und vielen anderen gewesen. Die Lage des Lapin, seine hübsche Terrasse im Schatten einer Akazie gefielen den Künstlern, die sich hier im Sommer vor dem großen Holztisch, immer demselben, gern niederließen. Der Lapin war zu jener Zeit keineswegs ein Künstlerkabarett. Er war ein Ausflugslokal des Viertels, wo die Händler aus der Nachbarschaft hinkamen und mit ihren Familien den Sängern zuhörten. Es war gleichzeitig familiär und ein wenig pöbelhaft, aber von einer Pöbelhaftigkeit, die im Kontakt mit den Leuten aus dem Viertel gemildert wurde. (...) Als die Händler aus dem Viertel nicht mehr zu den Konzerten im Lapin Agile kamen, wurden die kleinen Gauner und die großen aus der Nachbarschaft die Herren des Ortes. Etwas Tragisches verwandelte die Atmosphäre des friedlichen Ausflugslokals. Im schönsten amerikanischen Film schießt man nicht so oft mit dem Revolver, wie in jenen Jahren im Lapin geschossen wurde.

Pierre Mac Orlan, 1929

Oben: im Lapin Agile, Stereoskopbild, 1912. Das Lokal hieß 1869 zunächst Cabaret des Assassins (Kabarett der Mörder) und wurde dann A ma Campagne (Bei mir auf dem Land) getauft. In den 1880er-Jahren zeichnete der Karikaturist André Gill für das Aushängeschild des Hauses ein Kaninchen, das aus der Pfanne sprang. So entstand der Name Lapin à Gill oder Lapin Agile (Flinkes Kaninchen). Später erwarb Aristide Bruant das legendäre Kabarett, und es wurde, nach den Worten von Louis Nucéra, zum »Territorium der Halbschatten und Lichtblitze«. Colette, Max Jacob, Apollinaire, Picasso, Braque, Mac Orlan, Blaise Cendrars, Kipling, Marcel Aymé, Utrillo, Francis Picabia, Charlie Chaplin ... sie alle und viele andere verkehrten hier.

Linke Seite: die Terrasse des Lapin, um 1910. Der Musiker »Père Frédé«, eine große Gestalt des Montmartre – dem Max Jacob den Spitznamen »Tavernier du quai des brumes« (Schenkenwirt vom Nebelkai) gegeben hatte –, sitzt am rechten Tisch.

Links: das Lapin Agile an der Ecke der Rue des Saules und der Rue Saint-Vincent, um 1910.

AUF DER PLACE JULES-JOFFRIN ERHOB SICH DAS RATHAUS, ein Bauwerk, das wie die Gebäude aus Schweineschmalz geformt war, die die Metzger manchmal im Schaufenster zeigen. Die Kirche Notre-Dame de Clignancourt stand ihm gegenüber, karg und nackt, mit dem Glockenturm, der sich in einem dunstigen Himmel verlor, dem kärglichen Garten, den Gitter schützten. Bisweilen, wenn die große Tür offen stand, sah ich Kerzen im Dunkeln leuchten. Aber ich blieb auf der Schwelle stehen – bei meinen Eltern war nie von Gott die Rede. Der Platz war das Herz der vier Viertel, die das Arrondissement bildeten. Man fühlte es schlagen. Samstags fanden nacheinander Hochzeiten statt; aus den Kutschen, großen, geschmückten Wagen trat ein fröhliches Publikum heraus, eine in ihrem Schleier und ihrem Schleppenkleid verwirrte Braut.

Eugène Dabit, 1933

PLACE DE CLICHY

JULES-JOFFRIN

Links: vor dem Kino Gaumont Palace, 1911. Für die Weltausstellung 1900 eröffnete die Société Gaumont das Kino mit 3400 Plätzen an der Stelle der ehemaligen Pferderennbahn an der Place de Clichy. Das Gaumont war ein Familienkino, in dem Nachrichten, Dokumentarfilme und Serien gezeigt wurden.
Als Vignette: Gepäckaufkleber des Terass' Hotel, Rue Joseph-de-Maistre.
Unten: die Place de Clichy, Photochrom, um 1890; die Bronzegruppe im Vordergrund ehrt die Männer der Nationalgarde, die im März 1814 vor der Barrière de Clichy einem russischen Kontingent der auf Paris vorrückenden Alliierten Widerstand leisteten. Das Gemälde *La Barrière de Clichy* von Horace Vernet, der unter den Verteidigern war, hängt im Louvre.
Rechte Seite: die Place Jules-Joffrin am 14. Juli 1903. Die Ballons sind in den Goldenen Zwanzigern noch große Mode; das Aufblasen und der Start des Luftfahrzeugs finden oft mitten in der Stadt statt.
Seiten 312/313: der Flohmarkt von Saint-Ouen, um 1910. Die unterhalb der Stadtmauern lebenden Lumpenhändler (Flohmarkthändler) suchten in ganz Paris nach Gegenständen, die sie auf den Märkten wiederverkauften. Immer mehr Pariser kamen, um jenseits der Barrière de Clignancourt nach Trödel zu stöbern. 1885 ist das offizielle Geburtsjahr der »Foire aux Puces de Saint-Ouen«.

50f

BIBLIOGRAFIE

Arranger, Benjamin (Hg.), *Paris vu par les écrivains*, Paris 2003.

Baedeker, Karl, *Paris nebst einigen Routen durch das nördliche Frankreich. Handbuch für Reisende*, 15. Auflage, Leipzig 1900.

Barnes, Djuna, *Im Dunkeln gehen. Briefe an Emily Coleman*, Berlin 2002.

Barnes, Djuna, *Paris, Joyce, Paris*, Berlin 1988.

Beach, Sylvia, *Treffpunkt – ein Buchladen in Paris*, München o. J.

Benjamin, Walter, *Charles Baudelaire. Ein Lyriker im Zeitalter des Hochkapitalismus*, Frankfurt/M. 1974.

Billy, André, *Le Paris vieux et neuf, la rive droite*, Paris 1909.

Boissel, Pascal, *Café de la Paix, 1862 à nos jours, 120 ans de vie parisienne*, Paris 1980.

Boissel, Pascal, *Grand-Hôtel/Café de la Paix, deux siècles de vie parisienne*, Paris 2004.

Bollon, Patrice, *Pigalle, le roman noir de Paris*, Paris 2004.

Bucovich, Mario von, *Paris*, Berlin 1928.

Carco, Francis, *Montmartre à vingt ans*, Paris 1938.

Cendrars, Blaise, *Am Mikrofon. Gespräche mit Michel Manoll*, Basel 1999.

Delvau, Alfred, *Les Cythères parisiennes: histoire anecdotique de Bals de Paris*, Paris 1864.

Fargue, Léon-Paul, *Der Wanderer durch Paris*, Frankfurt/M.1967.

Fitzgerald, Francis Scott, Eine Reise ins Ausland, in: Fitzgerald, *Wiedersehen mit Babylon. Erzählungen aus dem verlorenen Jahrzehnt 1930–1940*, Zürich 1980, S. 7–44.

Gaillard, Marc, *Paris au XIXe siècle*, Marseille 1991.

Goethe, Johann Wolfgang von, *Gespräche mit Eckermann*, Leipzig 1921.

Hanoteau, Guillaume, *L'Âge d'or de Saint-Germain des Prés*, Paris 1965.

Heine, Heinrich, Französische Zustände, in: Heine, *Werke*, Bd. 3, Frankfurt/M. 1968.

Huysmans, Joris-Karl, *Pariser Skizzen*, Bremen 1989.

Joanne, Adolphe, *Le Guide Parisien*, Paris 1863.

Kardorff, Ursula von, *Adieu Paris. Streifzüge durch die Stadt der Bohème*, Reinbek 1993.

Kiki, *Souvenirs*, introd. d'Ernest Hemingway et de Foujita, ed. Billy Klüver, Julie Martin, Paris 1999.

Miller, Henry, *Frühling in Paris. Briefe an einen Freund*, Reinbek 1991.

Moritz, Rainer, *Mit Proust durch Paris. Literarische Spaziergänge*, Frankfurt/M. 2004.

Murata, Laure (Hg.), *Paris, Stadt der Dichter*, München 1997.

Poivre D'Arvor, Patrick, *Legendäre Eisenbahnreisen*, München 2007.

Paris et le daguerréotype. Catalogue de l'Exposition au Musée Carnavalet, Paris 1989.

Paulvé, Dominique, *La Ruche, un siècle d'art à Paris*, Paris 2002.

Réda, Jacques, *La liberté des rues*, Paris 1997.

Riley Fitch, Noël, *Die literarischen Cafés von Paris*, Zürich 1993.

Robin, Michel, *Quand Paris était à la campagne*, Paris 1985.

Schüle, Klaus, *Paris: Die kulturelle Konstruktion der französischen Metropole. Alltag, mentaler Raum und sozialkulturelles Umfeld in der Stadt und in der Vorstadt*, Opladen 2003.

Schultz, Uwe, *Paris. Literarische Spaziergänge*, Frankfurt/M. 2003.

Simenon, Georges, *Intime Memoiren* und *Das Buch von Marie-Jo*, Zürich 1982.

Stein, Gertrude, *Paris Frankreich*, 7. Aufl., Frankfurt/M. 1996.

Troller, Georg Stefan, *Dichter und Bohemiens. Literarische Streifzüge durch Paris*, Düsseldorf, Zürich 2003.

Tucholsky, Kurt, *Gesammelte Werke*, Bd. 3, 4: 1921–1924, 1925–1926, Reinbek 1975.

Villemot, Auguste, *La Vie à Paris, chroniques du Figaro*, Paris 1868.

Walter, Marc, *Legendäre Reisen in Frankreich*, München 2003.

Watkin, David; Bouvet, Vincent; Montgomery-Massingberd, Hugh, *Palaces et grands hôtels d'Europe*, Paris 1984.

Weiss, Andrea, *Paris war eine Frau. Die Frauen von der Left Bank*, Dortmund 1996.

Zeyons, Serge, *La Belle Époque: les années 1900 par la carte postale*, Paris 1990.

Zweig, Stefan, *Auf Reisen*, Frankfurt/M. 1987

Wichtige digitale Referenzen

Französische Nationalbibliothek http://gallica2.bnf.fr

Wikipedia http://fr.wikipedia.org

Museen von Paris: www.parismusees.com

ZITATNACHWEIS

S. 20: *Guide de l'Étranger à Paris et dans ses environs*, Paris: Hôtel du Louvre 1875.

S. 23: Ernest Hemingway, *Paris – ein Fest fürs Leben*, 240.–243. Ts., Reinbek 1999.

S. 27: Mark Twain, *Die Arglosen im Ausland*, Berlin 1984.

S. 31: Emile Bergerat, *Le Petit Moreau*, Paris 1887.

S. 35: Simone de Beauvoir, *Memoiren einer Tochter aus gutem Hause*, Reinbek 1986.

S. 37: Jean-Jacques Weiss, *Trois années de théâtre*, Paris 1883–1885, gallica2.bnf.fr

S. 38: Maxime Du Camp, *Paris, ses organes, ses fonctions et sa vie*, zitiert nach: Cortambert, Richard, *Voyage pittoresque à travers le monde*, Paris 1884.

S. 40: Emile Zola, *Der Bauch von Paris*, München 1983.

S. 44: Alphonse Daudet, *Quarante ans de Paris, 1857–1897*, Genf 1945.

S. 48: Ernest Hemingway, *Paris – ein Fest fürs Leben*, 240.–243. Ts., Reinbek 1999.

S. 52: Rainer Maria Rilke, *Briefe, Bd. 1*, Wiesbaden 1950.

S. 57: Alexandre Arnoux, *Paris-sur-Seine, Féérie des vingt arrondissements*, Paris 1939.

S. 61: Richard Wagner, *Richard Wagner an Minna Wagner*, Berlin, Leipzig 1908.

S. 66: Stefan Zweig, *Die Welt von Gestern*, Frankfurt/M. 1982.

S. 70: Constant de Tours, *Vingt jours à Paris*, Paris 1890, gallica2bnf.fr

S. 76: Francis Bond Head, *A Faggot of French sticks*, New York 1852, gallica2.bnf.fr

S. 78: Rainer Maria Rilke, *Briefe*, Bd. 1, Wiesbaden 1950.

S. 83: *Brochure de l'Hôtel de Crillon*, Paris 1909.

S. 90: Louis Aragon, *Aurélien*, Berlin 1968.

S. 96 : *La Ville Lumière. Anecdotes et documents historiques*, Paris 1909.

S. 99: Marthe Princesse de Bibesco, in: *Un siècle au cœur de Paris, Souvenir du Centenaire des grands magasins* »Aux Trois Quartiers«, »La Maison du Bon Dieu«, 1829–1929, Paris 1929.

S. 102: Francis Scott Fitzgerald, *Zärtlich ist die Nacht*, Zürich 1983.

S. 105: Frankfort Sommerville, *The spirit of Paris*, London 1913, gallica2.bnf.fr

S. 109: Heinrich Heine, Die romantische Schule. In: Heine, *Werke*, Bd. 4, Frankfurt/M.: Insel 1968.

S. 112: Edmond de Saulnat, *Les Boulevards de Paris: histoire, état présent, maisons grandes et petites*, Paris 1877.

S. 117: Octave Uzanne, *Les Modes de Paris: monument esthématique du XIX. siècle, variations du goût et de l'esthétique de la femme 1797–1897*, Paris 1898.

S. 120: Alexandre Arnoux, *Paris-sur-Seine, Féérie des vingt arrondissements*, Paris 1939.

S. 126: Francis Scott Fitzgerald, *Zärtlich ist die Nacht*, Zürich 1983.

S. 130: Joseph Roth, Bericht aus dem Paradies, in: Roth, *Werke*, Bd. 4, Köln 1976.

S. 135: Charles Demailly, *Romans de Edmond et Jules de Goncourt*, nouvelle ed., Paris 1891.

S. 138: Kurt Tucholsky, Die kleinen Revuen, in: *Vossische Zeitung*, 25.04.1925.

S. 142: *Le Grand Rex. La saga d'un géant*, Paris 1996.

S. 154: Guy de Maupassant, *Die Irrfahrten des Herrn de Maupassant*, Stuttgart 1967.

S. 163: Henry Miller, *Wendekreis des Krebses*, Reinbek 1988.

S. 166: Maurice Rappaport, Die Frau auf der Pariser Weltausstellung, in: Malkowsky, Georg (Hg.), *Die Pariser Weltausstellung in Wort und Bild*, Leipzig 1883.

S. 170: Anatole France, *Der kleine Peter*, München 1925.

S. 173: Lottin de Laval, in: Lurine, Louis, *Les Rues de Paris. Paris ancien et moderne*, contenant tous les renseignements nécessaires à l'étranger pour s'installer …, Paris 1844, gallica2.bnf.fr

S. 179: Arsène Houssaye, *Contes pour les femmes*, Paris 1885–1886, gallica2.bnf.fr

S. 180: Dominique Desanti, *Robert Desnos, le roman d'une vie*, Paris 1999.

S. 183: André Maurois, *Paris*, Paris 1960.

S. 190: Louis Aragon, *Aurélien*, Berlin 1968.

S. 192: Zelda und Francis Scott Fitzgerald, "Show Mr. and Mr S. F. Fitzgerald to number –", in: Fitzgerald, *The crack-up*, Repr., New York 1993, S. 41–55.

S. 198: Mark Twain, *Die Arglosen im Ausland*, Berlin 1984.

S. 202: Baedeker, Karl, *Paris und Umgebung. Handbuch für Reisende*, 19. Aufl., Leipzig 1923.

S. 212: Edmond und Jules de Goncourt, *Manette Salomon*, Paris 1996.

S. 214: Victor Hugo, 27. Juli 1883, in: Hugo, *Œuvres complètes*, Actes et paroles IV, Depuis l'exil, 1876–1885, Paris, notes, , Paris: Société d'Éditions littéraires et artistiques, Librairie Paul Ollendorf, gallica2.bnf.fr

S. 219: Stefan Zweig, *Die Welt von Gestern*, Frankfurt/M. 1982.

S. 227: Henry Miller, *Land der Erinnerung*, Reinbek 1970.

S. 231: Ernest Hemingway, *Paris – ein Fest fürs Leben*, 240.–243. Ts., Reinbek 1999.

S. 234: Joris-Karl Huysmans, *De tout*, Paris 1902.

S. 236: Antoine Albalat, *Trente ans de Quartier latin, Nouveaux souvenirs de la vie littéraire*, Paris 1930.

S. 241: Alfred Kerr, *Zwischen Paris und Rom. Reiseimpressionen*, Frankfurt/M. 2000.

S. 245: Ernest Hemingway, *Paris – ein Fest fürs Leben*, 240.–243. Ts., Reinbek 1999.

S. 251: Charles Fegdal, *Dans notre vieux Paris*, Paris 1934.

S. 256: Edmond Stoullig, in: Gérard, Émile, *Paris Souterrain*, Paris 1908.

S. 265: Alexis Martin, *Les étapes d'un touriste en France, promenades dans les 20 arrondissements de Paris*, Paris 1890, gallica2.bnf.fr

S. 268: Robert de Beauplan, in: *L'Illustration*, numéro spécial »Exposition coloniale, 23 mai 1931«.

S. 270: Mark Twain, *Die Arglosen im Ausland*, Berlin 1984.

S. 273: Mark Twain, *Die Arglosen im Ausland*, Berlin 1984.

S. 274: Jack Kerouac, *Lonesome Traveler*, Reinbek 1981.

S. 279: Alexis Martin, *Les étapes d'un touriste en France, promenades dans les 20 arrondissements de Paris*, Paris 1890, gallica2.bnf.fr

S. 283: Louis Cheronnet, *Paris tel qu'il fut*, Paris 1951.

S. 286: Eugène Dabit, *Ville Lumière*, Paris 1987.

S. 288: Alexandre Arnoux, *Paris-sur-Seine, Féérie des vingt arrondissements*, Paris 1939.

S. 292: Walter Benjamin, *Briefe*, Bd. 1, Frankfurt/M. 1986.

S. 295: Francis Carco, *Rue Pigalle*, Paris 1928.

S. 299: Gottfried Benn, Paris ist Palmyra, in: Benn, *Gesammelte Werke*, Bd. 3, Wiesbaden 1968.

S. 303: Jack Kerouac, *Lonesome Traveler*, Reinbek 1981.

S. 307: Pierre Mac Orlan, *Montmartre, mémoires*, Paris 2003.

S. 308: Pierre Mac Orlan, *Villes*, Paris 1929.

S. 310: Eugène Dabit, *Faubourgs de Paris*, Paris 1933.

BILDNACHWEIS

Archives Hachette-Livre: S. 4 (Mitte), 90 (oben, links); Archives Hermès/Draeger Imprimeur: S. 172, 173 (links); Archives Lanvin: S. 176; Bibliothèque nationale: S. 210 (Mitte), 256 (oben), 257, 311; Catherine Donzel: S. 32-33, 36, 106-107, 135 (oben rechts), 136-137, 160-161, 278,: 280-281; Cinémathèque Robert-Lynen de la Ville de Paris, Fonds Gervais-Courtellemont: S. 22, 24-25, 30; Sammlung Arqué: S. 212 (oben links), 253 (Ansichtskarten), 262 (Mitte rechts); Sammlung Boissel: S. 4, 6 (Etikett), 7, 10 (unten), 11 (Vignette), 17 (Etikett), 31 (Vignette), 34 (unten), 38 (rechts), 41 (unten), 58–59, 66 (unten), 70 (Etikett und Mitte), 71 (Mitte), 77 (unten), 87 (oben und links), 88 (Mitte links), 89 (Vignette), 90 (unten links), 94 (unten), 96 (rechts), 96-97 (Faksimile), 99 (links und Mitte), 105 (links und Medaillons), 109, 110, 112 (oben, Mitte und Vignette), 120 (oben und unten), 130 (Etikett), 138 (oben und Vignette), 152 (Mitte rechts), 153, 159, 163 (Mitte und rechts), 173 (Vignette), 180 (Vignette und rechts), 182, 183 (links und Vignette), 186 (links), 188–189, 190 (unten), 192 (oben links), 192–193 (Faksimile), 193, 194, 198 (Ansichtskarten), 210 (oben), 223 (links), 227 (Etikett), 228 (Etikett), 231 (Etikett), 234, 245, 246 (unten), 247 (unten), 251 (oben, links und rechts), 252, 262 (Medaillon), 263 (Etikett), 272 (Etiketts), 279 (rechts), 283 (unten), 286 (unten), 288, 293 (Etikett), 298 (Palette), 310 (Etikett); Sammlung E. Gaillard: S. 166–167; Sammlung Le Nain Bleu: S. 96 (beide links); Sammlung Léoni: S. 256 (rechts); Privatsammlung: 38 (links, oben und unten); Sammlung Marc Walter: S. 1, 4, 5, 6, 9, 10, 11, 12–13, 15, 16, 17, 18–19, 20 (unten), 23, 27, 31, 37, 39, 44, 45, 46–47, 48, 50–51, 52, 56–57, 61, 62–63, 66 (rechts), 70 (oben), 71 (oben), 72 (oben), 73 (oben), 74–75, 76 oben und rechts), 78, 80-81, 82–83, 84–85, 87 (unten), 88 (oben, Mitte rechts und unten), 89 (oben), 90 (Speisekarten), 94 (oben), 98, 99 (Medaillon und oben rechts), 100, 101 (Foto: Roger Schall), 102, 105 (oben), 108, 112 (links), 116, 122–123, 124–125, 126–127, 130 (links und unten), 134, 135 (links und unten), 138 (unten), 139, 144–145 (Faksimile), 146–147, 149, 150–151, 152 (unten), 154 (oben links und rechts), 155, 156–157, 162, 163 (links), 168–169, 170, 173 (links), 174–175, 177, 181, 190 (oben), 192 (oben rechts, Mitte und unten), 198 (oben), 199, 200–201, 207 (Mitte und rechts), 208–209, 210 (unten), 211 (unten und rechts), 212, 213, 214, 218, 219, 220–221, 222–223 (oben), 223 (rechts), 227, 228–229, 231, 236, 237, 238–239, 240, 241, 251 (Fächer), 256 (unten, links), 258–259, 261, 262 (oben, Mitte links und unten links), 263 (links und unten), 264, 268, 270, 272 (Speisekarte), 275, 282, 283 (links und oben), 284–285, 287 (Plakat), 290–291, 292, 293 (oben), 295, 296, 297, 298–299, 300–301, 303 (oben und unten links), 304, 305, 306–307, 308, 309 (unten), 310 (unten), 312–313; Sammlungen der Comédie-Française: S. 64 (oben, Foto The New York Times; unten, Foto Gérald Maurois), 65 (Plakat, Foto P. Lorette; Eintrittskarte, Foto J.-L. Charmet); Emilia Raffalli: S. 271; Estate Brassaï/RMN: S. 93, 247 (oben); Galeries Lafayette: S. 120 (beide rechts); Grégoire Thonnat: S. 6 (Fahrkarton), 152 (Vignette), 167 (Vignette); Keystone: S. 186 (oben), 187, 246 (oben), 276–277; Le Rex/D.R.: S. 140–141, 142; Magnum Photos/Sergio Larrain: S. 232–233; Photo Verdeau/Bruno Tartarin: S. 54–55, 88 (2. von oben), 89 (Mitte); Fotos Marc Walter: S. 6, 21 (Haus von Victor Hugo/Hôtel de Rohan-Guéménée), 26, 49, 53, 58–59, 60 (Maison de la RATP), 66 (links), 67, 68–69, 77, 79, 82, 92–93, 95, 97, 103, 111, 114–115, 126 (oben), 132 (Musée de la Vie Romantique), 133 (Musée Gustave Moreau), 142 (unten), 143 (Le Rex), 144–145, 152 (oben), 164–165, 171, 178, 179 (Traveller's Club de France/Hôtel de la Païva), 180, 182, 184–185, 191, 195, 207 (oben), 214, 215, 222 (links), 226 (La Palette), 230, 231 (links), 235, 242–243, 244, 250, 253 (oben/Joséphine), 254–255, 264–265 (oben), 266–267, 269, 273, 274 (unten), 286 (oben), 287, 305 (unten), 320; Photothèque Hachette-Livre: S. 40–41 (oben), 42–43, 113, 118–119, 180 (unten, Mitte), 196–197 (Vergand), 216–217 (Bertrand), 224–225, 247 (rechts), 248–249 (Sammlung Guy Selz), 309 (oben, Vergand); Photothèque Hachette-Livre/Vérascopes Richard: S. 20 (oben, Vergand), 28–29 (Vergand), 34 und 35 (Clérisseau), 72 (unten, Meigret), 87 (Stereoskopbild, Clérisseau), 89 (unten, Achille Lemoine), 104 (Clérisseau), 128–129 (Clérisseau), 202 (oben, Clérisseau), 207 (Medaillon, Bertrand), 272 (oben, Clérisseau), 274 (oben, Clérisseau), 289 (Fossey), 302 (Clérisseau), 303 (rechts, J. Richard); Roger Schall: S. 8, 183 (rechts), 294; Roger-Viollet: S. 2–3, 117, 131, 310 (oben links); Rue des Archives: S. 204–205; Sylvain Calvier/Des Photographies: S. 211 (oben); Sylvia Beach Collection/Princeton University Library, mit freundlicher Genehmigung von Sylvia Whitman: S. 222 (rechts); The Library of Congress, Prints & Photographs Dpt, Washington D.C.: S. 15 (oben), 17 (links), 70 (rechts), 73 (unten), 158, 224–225 (Faksimile), 279 (links).

DANK

Die Verwirklichung dieses Buches wäre ohne die wertvolle Hilfe vieler Personen und die freundliche Mitarbeit zahlreicher Pariser Institutionen und Einrichtungen nicht möglich gewesen. Wir geben hier die Namen derjenigen an, die uns ihre Unterstützung gewährt haben.

An allererster Stelle danken wir besonders und von ganzem Herzen: Pascal Boissel.

Dann, ebenso herzlich: Marie-Hélène Orban, Guillaume Pellerin, Bruno Tartarin (Photo Verdeau), Sylvain Calvier (Des Photographies), Jocelyne Gueneau; Béatrice de Plinval von Chaumet und Nathalie Vidal sowie Menehould de Bazelaire von Hermès für ihr erneutes Vertrauen; Antony Zaccardo und Isabelle Villerio vom Grand Rex für ihren herzlichen Empfang; Mélanie Petetin von der Comédie Française. Außerdem danken wir für Dokumentation und Archive: Emmanuelle Gaillard und Florence Cailly; dem Sammler Grégoire Thonnat; Marie Dewavrin, Le Nain Bleu; Sylvia Whitman, Shakespeare & Co; dem Haus Dehillerin; der Cinémathèque Robert Lynen, Fonds Gervais-Courtelmont, Emmanuelle Devos.
Unseren besten Dank an alle, die uns die Genehmigung erteilt haben, die Fotoreportagen durchzuführen.
Private Einrichtungen: Claude André Guittard, Brasserie Lipp; Herrn Malchow, Brasserie Mollard; Sampion Bouglione und Guillaume Brasseur, Cirque d'Hiver; Véronique Bérecz, Musée Grévin; Herrn Dubois und Philippe Goumard, Haus Goumard-Prunier in der Rue Duphot und Nicolas Barruyer in der Avenue Victor Hugo; Pascal Boissel, Grand Hôtel / Café de la Paix; Christian David, Grand Véfour; Herrn Bijan, Große Moschee von Paris; Alain da Silva, Harry's Bar; Herrn du Plessis, Travellers Club de France / Hôtel de la Païva; der Closerie des Lilas; Marie Segal, Grande Cascade; Arnau Boufassa, Kino La Pagode; Jean-François, Restaurant La Palette; Herrn de Courval, Boeuf sur le Toit; Herrn Riberpray, Frau Morel und Herrn Guglieri, Restaurant Julien, La Coupole und die Groupe Flo; Anne Vogt-Bordure, Hôtel Meurice; Francis Dupin, Catherine Rousseau, Deux-Magots; Virginie David, Galeries Lafayette; Hanako Schiano, Haus Ladurée in der Rue Royale; Herrn Dumonet, Restaurant Joséphine; Karine, Restaurant du Train Bleu; Isabelle Alby, Haus Caron; Odile Fraigneau, Haus Lanvin.
Öffentliche Einrichtungen: Danièle Molinari und Constance Allard von der Stadtverwaltung von Paris für die Maison de Victor Hugo und das Hôtel de Rohan-Guéménée; Daniel Marchesseau und Catherine de Bourgoing von der Stadtverwaltung von Paris für das Musée de la Vie romantique; Juliette Laffon von der Stadtverwaltung von Paris für das Musée Bourdelle; Gustave Moreau und Annick Maurer, Musée nationale; Generaldirektor Jean-Luc Chopin und Brigitte Hedouin von der Stadtverwaltung von Paris für das Théâtre du Châtelet; Herrn Virieux, Frau Ollivry vom Pressedienst des Senats; Antoine Dupin von RATP.

Schließlich dankt Pierre Pinelli Cyrille und Monique Fayer, Gérard Lecoeur, L.P. Promenheur und Valérie.

Ein Buch der Partner Frederking & Thaler und GEOSaison

Die Deutsche Nationalbibliothek verzeichnet diese Publikation in der Deutschen Nationalbibliografie; detaillierte bibliografische Daten sind im Internet über http://dnb.d-nb.de abrufbar.

Titel der französischen Originalausgabe: *Voyages à Paris*

www.frederking-thaler.de

Konzeption und Gestaltung: Marc Walter und Sabine Arqué
Texte: Pierre Pinelli

Bild und Zitatnachweis: siehe Anhang

Übersetzung aus dem Französischen von Marianne Glaßer
Produktmanagement: Anett Schwarz
Lektorat: Gudrun Honke, Bochum
Satz und Herstellung: Medienfabrik GmbH,
Umschlaggestaltung: Waldmann & Weinold,
Kommunikationsdesign, Augsburg
Umschlagfoto vorne: © Sammlung Marc Walter
Druck und Bindung: Tien Wah Press (Pte) Ltd, Singapur

Printed in Malaysia

ISBN 978-3-89405-762-6